日本の絶景

北海道

おとな旅
プレミアム
PREMIUM

日本の絶景

おとな旅プレミアム

北海道
CONTENTS

ポツンと一軒、絵になる宿

光が紡ぐ物語

COLUMN

本書のご利用にあたって

● 本書中のデータは2025年2月現在のものです。料金、営業時間、休業日、メニューや商品の内容などが、諸事情により変更される場合がありますので、事前にご確認ください。

● 本書に紹介したショップ、レストランなどとの個人的なトラブルに関しましては、当社では一切の責任を負いかねますので、あらかじめご了承ください。

●営業時間、開館時間は実際に利用できる時間を示しています。ラストオーダー(LO)や最終入館の時間が決められている場合は別途表示してあります。

●営業時間等、変更する場合がありますので、ご利用の際は公式HPなどで事前にご確認ください。

●休業日に関しては、基本的に定休日のみを記載しており、特に記載のない場合でも年末年始、ゴールデンウィーク、夏季、旧盆、保安点検日などに休業することがあります。

●料金は消費税込みの料金を示していますが、変更する場合がありますのでご注意ください。また、入館料などについて特記のない場合は大人料金を示しています。

●宿泊料金に関しては、「1泊2食付」「1泊朝食付」「素泊まり」は特記のない場合は1室2名で宿泊したときの1名分の料金です。曜日や季節によって異なることがありますので、ご注意ください。

●交通表記における所要時間、最寄り駅からの所要時間は目安としてご利用ください。

● 駐車場は当該施設の専用駐車場の有無を表示しています。

● 掲載写真は取材時のもので、料理、商品などのなかにはすでに取り扱っていない場合があります。

● 掲載している資料および史料は、許可なく複製することを禁じます。

データの見方

- ℂ 電話番号
- ￥ 料金
- 交 アクセス
- Ｐ 駐車場
- 所 所在地
- 客 宿泊施設の客室数
- 開 開館／開園／開門時間
- in チェックインの時間
- out チェックアウトの時間
- 営 営業時間
- 休 定休日

地図のマーク

- Ｒ 飲食店
- ✈ 空港
- 道 道の駅
- ⚓ 港・旅客線ターミナル
- ♨ 温泉
- 🚏 バス停
- ⛷ スキー場
- Ｐ 駐車場
- ⛳ ゴルフ場

Hokkaido 特集 北の自然と遊ぶ

山々を覆う雲海や見渡す限りの紅葉など、北海道の雄大な絶景は
眺めるだけでなく五感を使って味わいたい。アクティビティやドライブなど
体験を通して絶景が楽しめるスポットで、北の大地と遊ぶ極上の時を！

巨大なハンモックに乗って、雲海の眺望が楽しめる Cloud Pool。大雪山連峰から日高方面までパノラマの眺望が広がる

不思議な浮遊感のなか
雲の大海原を見晴らす

縦横約10mのフワフワとした巨大ハンモックで美しい雲海の絶景を満喫

星野リゾートトマム 雲海テラス

ほしのリゾート トマム うんかいテラス

占冠村 **MAP** P.188 A-3

ゴンドラに乗り13分、標高1088mに位置する雲海テラスには、雄大な山々を覆う雲海を楽しむ多彩な施設が揃う。

　「ゲストにも雲海を見てもらいたい」。ゴンドラを整備していたスタッフの想いから、平成18年（2006）に誕生した雲海テラス。雲海の眺望を楽しむための設備を徐々に拡張し、Cloud PoolやCloud Walk、Cloud Barをはじめ、展望スポットのSky Wedge、雲をつくる「雲粒」をイメージした弾力あるクッションが並ぶCloud Bedなど、現在は6つのユニークな設備が整う。雲海が観賞できるのは5〜10月の早朝、星野リゾートトマムの宿泊者は無料で雲海ゴンドラを利用できる。

INFORMATION

☎0167-58-1111（代表）
🚌JRトマム駅から送迎バスで10分、トマム下車、徒歩10分 ⑰占冠村中トマム
🕐5月8〜31日5:00〜7:00、6月1日〜10月14日5:00〜8:00 💴雲海ゴンドラ1900円、宿泊者無料 Ｐあり

吊り橋のような構造のCloud Walk。地面からの高さは最大約10m、歩行距離は57mに及ぶ

Cloud Barはバーカウンターをイメージした展望スポット。1人用と2人用、2種類の椅子を用意

周辺スポット

リゾナーレトマム

MAP P.7- 1

高台にたたずむリゾートホテル

針葉樹の森に位置し客室は全室100㎡以上、展望ジェットバス・プライベートサウナも備えている。北海道にちなんだ書籍を揃えるBooks&Cafeも併設。

☎0167-58-1111(代表) 所占冠村中トマム
交JRトマム駅から送迎バスで10分 料1泊朝食付2万5400円〜 Pあり

トマム ザ・タワー by 星野リゾート
トマム・ザ・タワー バイ ほしのリゾート

MAP P.7- 2

リゾートの中心にそびえるタワー

一般的なファミリールームのほかに、キッズルームも併設し、家族連れにうれしい施設が充実。愛犬と一緒に過ごすことができる「愛犬ルーム」も備えている。

☎0167-58-1111(代表) 所占冠村中トマム
交JRトマム駅から送迎バスで10分 料1泊朝食付1万2200円〜 Pあり

ファームエリア

MAP P.7- 3

のどかな風景を残すエリア

面積約100ha、ヤギや羊などの動物たちと過ごし、牧草で作られた巨大ベッドでくつろぐこともできる緑の芝生が広がるエリア。ファームの牛から搾ったミルクで作ったソフトクリームも人気。

開4月上旬〜10月10:00〜16:00 料無料 休期間中無休 Pあり

ミナミナビーチ

MAP P.7- 4

天候を気にせず遊べるプール

ガラス張りのインドアビーチは常に30℃以上に保たれ、寒さの厳しい北海道でも常夏のリゾート気分が味わえる。日本最大級のウェーブプールも備える。

開11:00〜20:00※季節により変動あり 料2600円※星野リゾートトマム宿泊者は無料 休無休 Pあり

★星野リゾート トマム 雲海テラス

トマム山　南富良野町
星野リゾートトマムスキー場
水の教会
ミナミナビーチ 4
1 リゾナーレトマム
R 森のレストラン ニニヌプリ
第二串内トンネル
2 トマム ザ・タワー by星野リゾート
3 ファームエリア
占冠村
トマム駅
石勝線
旭川
トマム川
道東自動車道
トマムIC
N
0 1km
トマム学校⊗

真っ赤な松見大橋と紅葉とのコントラストも美しい

樹海の上に浮かぶように延びる高さ30m、長さ330mの松見大橋。松見大橋の全景は、三国峠展望台や緑深橋付近から見ることができる

車窓には錦秋の輝き
標高1139mの峠を駆ける

三国峠周辺は、亜寒帯性針広混交林の広がる日本でも有数の森林地帯。シマフクロウなど多くの野生動物の生息地としても知られる

三国峠
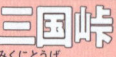
みくにとうげ

上川町 MAP P.188 B-2

9月下旬〜10月上旬、眼下に広がる紅葉に染まる樹海と山岳を眺めながらドライブを満喫。周辺のスポットにも足を延ばしたい。

　峠の名前は旧地名で石狩、十勝、北見の境にあることに由来。北海道を走る国道のなかで最も高く標高は1139mに及ぶ。見渡す限りの緑が広がる春から夏にかけても美しいが、紅葉の色に染まる秋の樹海の景色はひと際感動的だ。三国峠展望台からは峠に架かる松見大橋の眺望を楽しむことができ、併設するカフェでひと休みすることもできる。周辺には、士幌線タウシュベツ川橋梁跡や士幌線幌加駅跡など印象的な鉄道遺構、柱状節理の大岩壁からなる層雲峡と、美しい絶景が連なる。

INFORMATION

☎01564-7-7272（上士幌観光協会）
🚃旭川空港から車で1時間50分 所上川町層雲峡 開休料見学自由 Pあり

周辺スポット

層雲峡
そううんきょう
MAP P.11-**1**

断崖絶壁が連なる大峡谷

石狩川を挟んで約24kmにわたり断崖絶壁が続く峡谷。大雪山黒岳山麓には、北海道有数規模の温泉街を誇る層雲峡温泉もあり、周辺の観光の拠点となっている。☎01658-5-3350（層雲峡インフォメーションセンター）🚗旭川空港から車で1時間30分 📍上川町層雲峡 🕐休料見学自由 🅿あり

士幌線タウシュベツ川橋梁跡
しほろせんタウシュベツがわきょうりょうあと
MAP P.11-**2**

旧国鉄士幌線のアーチ橋

昭和30年（1955）に水力発電用の人造湖、糠平ダムが建設され、橋梁はダム湖に残された。ダムの水位によっては見えないこともあり、幻の橋とも呼ばれる。☎01564-7-7272（上士幌町観光協会）🚗旭川空港から車で2時間30分 📍上士幌町ぬかびら源泉郷 🕐休料見学自由 🅿あり

然別湖湖底線路
しかりべつここていせんろ
MAP P.11-**3**

アニメのような風景と話題に

大雪山国立公園内に位置し、標高約800mと道内で最も高い場所にある湖。透明度の高い湖に線路が沈む様子がSNSで話題に。5月下旬～10月下旬が見頃。☎0156-66-4034（鹿追町観光協会）🚗旭川空港から車で2時間30分 📍鹿追町北瓜幕白雲橋 🕐休料見学自由 🅿あり

銀河の滝・流星の滝
きんがのたき・りゅうせいのたき
MAP P.11-**4**

日本の滝百選の名瀑

層雲峡に幾筋もかかる滝のなかでも、最も美しいとされるのが「日本の滝百選」の銀河の滝と流星の滝。展望台があり、2つの滝を同時に見ることができる。☎01658-5-3350（層雲峡インフォメーションセンター）🚗旭川空港から車で時間30分 📍上川町層雲峡 🕐休料見学自由 🅿あり

三国峠展望台からの眺望も必見。4月下旬から11月上旬にはカフェも営業している

ぷかぷか浮かぶ流氷を歩いて渡る。専門のガイドが同行するので安心

流氷はオホーツク海の北側から海流や季節風に乗って、北海道へとやってくる。2月〜3月下旬頃まで、氷原を歩くツアーを楽しめる

写真提供：シンラ

海に原始を目撃し
氷の来襲を待って足を踏み出す

まるで南極や北極にいるような氷原世界。流氷の規模や場所、風景は、風や潮流によって絶えず変わる。そのときだけの景色を満喫したい

SHINRA 流氷ウォーク®

シンラ りゅうひょうウォーク

斜里町 MAP P.189 E-1

オホーツク海を約1000km旅して北海道に接岸する流氷。冬の使者・流氷の風景に溶け込める特別なウォーキングツアーへ。

　北海道のオホーツク海沿岸に、流氷がやってくるのは1月下旬頃。次々と押し寄せる流氷は、やがて青い海を真っ白な氷原の風景へと一変させる。白一色の氷上世界を歩いて楽しむツアーが、知床半島のウトロ周辺で行われている。絶えず移動する流氷を歩くには、特別な知識や装備が必須だ。ツアーには流氷をよく知る専門ガイドが同行し、専用のドライスーツを着用して実施する。流氷を渡り歩き、極寒の海に浮かぶレアな体験を楽しめる。

INFORMATION

SHINRA

☎0152-22-5522

交ウトロ温泉バスターミナルから徒歩3分 所斜里町ウトロ西187-8 営9:00～19:00 Pあり

●流氷ウォーク

催行期間 2～3月 所要時間 1時間30分

料7000円～ ※期間により異なる

URL www.shinra.or.jp

写真提供：シンラ

写真提供：シンラ

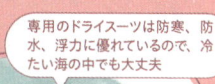
専用のドライスーツは防寒、防水、浮力に優れているので、冷たい海の中でも大丈夫

写真提供：シンラ

まだある知床のアクティビティ

流氷ファットバイクアドベンチャー
りゅうひょうファットバイクアドベンチャー

氷上をさっそうと駆け抜ける

平坦な流氷が流れ着く斜里町の海岸線で、スパイクタイヤ付きのファットバイクに乗って流氷を走行。デコボコの流氷や雪面、砂など、路面状況はさまざま。斜里岳や知床連山の雄大な山岳風景も楽しめる。

【催行会社】
知床サイクリングサポート
☎0152-24-2380／090-9526-3572
URL www.shiretokocycling.jp
●知床ファットバイクアドベンチャー
催行期間 2～3月中旬 所要時間 2時間30分
料 1万円

流氷カヤック＆ウォーク
りゅうひょうカヤック＆ウォーク

海面近くから流氷の眺めを満喫

2人乗りのカヤックで、流氷に覆われた海へ漕ぎ出す。カヤックごと上陸できる大きな流氷に出会ったら、上陸してひと休み。流氷が徐々に減り、海面が開き始める3月に約3週間だけ行われるツアー。

【催行会社】知床アルパ
☎050-3196-4505
URL www.shiretoko-arpa.com
●流氷カヤック＆ウォーク
催行期間 3月 所要時間 2時間 料 1万3000円

知床 流氷SUP＆ウォーク
しれとこりゅうひょうエスユーピー＆ウォーク

流氷の間を進む特別な爽快感

SUPの上でバランスを取りながら流氷の海へ。操作に慣れてきたら、沖合へと漕ぎ出していき、流氷の上でのウォーキングも満喫する。ガイドがイチ押しの絶景ポイントへ連れていってくれる。

【催行会社】知床アルパ
☎050-3196-4505
URL www.shiretoko-arpa.com
●知床 流氷SUP
催行期間 2～3月 所要時間 2時間 料 1万3000円

漕ぎ進むカヌーの舳先に広がる
底が透けるような神秘の湖水

活火山を傍に、鳥のさえずりを聞きながら湖面を滑り、自然を全身で感じたい

TOYA TOY BOX

驚くほど澄んだ洞爺湖の透明度は全国の湖のなかでもトップクラス。天候によっては、湖底に発生した砂紋がきれいに見えることもある

湖畔には四季折々に移り変わる豊かな山景が広がる。新緑や紅葉はもちろん、空に溶け込むような景色と静けさに浸りたい

洞爺トイボックス 洞爺湖 カヌー体験

とうやトイボックス とうやこカヌーたいけん

洞爺湖町 **MAP P.187 B-2**

国内で3番目の大きさを誇るカルデラ湖。道南を代表する観光スポットでカヌーに乗って雄大な自然をたっぷり満喫できる。

　ほぼ円形の湖の中央に、大小4つの島を有するカルデラ湖。昭和新山と有珠山という2つの活火山を傍に見ながら、驚異の透明度を誇る湖水の上をカヌーで巡り、絶景を体感できる。洞爺トイボックスのカヌー体験は、1時間程度の湖水巡りや湖上のドリンクタイムが楽しめるコースや、椅子とテーブルとティーセットをカヌーに積み込んで途中の湖畔でティータイムを満喫できる2時間程度のコース、1日のうち一番穏やかな湖面を楽しめる可能性が高い早朝のコースなどが揃っている。

INFORMATION

洞爺 トイボックス

☎0142-87-2355

🚗道央自動車道・虻田洞爺湖ICから車で20分 📍洞爺湖町洞爺町224 ☎8:30～18:00 🅿あり

●お気軽プチ☆カヌー

催行期間 4月下旬～10月下旬

※詳細は公式HPを要確認

URL https://toyatoybox.com/

周辺スポット

サイロ展望台
サイロてんぼうだい
MAP P.19- 1

洞爺湖や有珠山、昭和新山を一望

洞爺湖の西側に位置し湖の絶景が見られるほか、おみやげ店やテイクアウト専門のカフェがある。4〜10月は空から絶景を楽しめるスカイクルージングも。

📞0142-87-2221 🚗道央自動車道・虻田洞爺湖ICから車で15分 🏠洞爺湖町成香3-5 🕐8:30〜18:00(11〜4月は〜17:00)🈳無休 💴無料 🅿あり

有珠山ロープウェイ
うすさんロープウェイ
MAP P.19- 2

周りの景色も噴煙も大迫力

20世紀に4回の噴火があった有珠山は今も活動する活火山。ロープウェイ山麓・山頂駅では火山を学ぶパネルなどが設置され、テラスからは絶景が楽しめる。

📞0142-75-2401 🏠壮瞥町昭和新山184-5 🚗道央自動車道・虻田洞爺湖ICから車で15分 🕐8:15〜17:30(季節により異なる) 🈳冬期運休あり 💴ロープウェイ往復2000円 🅿400台(1日500円)

とうや湖ぐるっと彫刻公園
とうやこぐるっとちょうこくこうえん
MAP P.19- 3

自然と調和する彫刻群

周囲40kmの洞爺湖を囲む野外美術館。58基の彫刻が設置され、緑や湖水など周辺の自然を背景に、天候や日差しの角度によって作品の印象が見るたびに変わる。

📞0142-75-4400(洞爺湖町観光振興課) 🚗道央自動車道・虻田洞爺湖ICから車で10分 🏠洞爺湖町 🕐休見学自由 🅿あり

洞爺湖遊覧船
とうやこゆうらんせん
MAP P.19- 4

大型の遊覧船で洞爺湖巡り

45分ほどをかけて洞爺湖の中島までのクルーズが楽しめる遊覧船。夏季には洞爺湖に浮かぶ島に下船できる。

📞0142-75-2137 🚗道央自動車道・虻田洞爺湖ICから車で10分 🏠洞爺湖町洞爺湖温泉 🕐8:30〜16:30 11〜4月9:00〜16:00 🈳無休 💴1600円 🅿あり

早朝の幻想的で雄大な景色は格別。モーニングカヌー体験も

Hokkaido
躍動する野生の命

陸と海に形成される希少かつ豊かな生態系。
優美なタンチョウや、海峡を泳ぐ大形の海洋生物たち、
野付半島（のつけはんとう）のゴマフアザラシの群れ、知床を象徴するヒグマなど、
多彩な命の営みに出会う最北の地へ。

シャチの群れとの遭遇率は決して高くはないが、例年春から夏場にかけて遭遇率が高くなる。仲間と協力して狩りをする様子が見られるかもしれない

羅臼の海峡に飛沫が躍る
行進する海洋の者たち

躍動する野生の命

1500m級の山々が連なる知床半島を背に根室海峡を泳ぐシャチの群れ

尾びれで水面を叩きつけるマッコウクジラ。オスの体長は18mほどにもなる。1時間以上潜ることができ、浮上するタイミングを捉えたい

アニマル・ウォッチング・クルーズ

羅臼町 MAP P.189 E-1

知床半島と国後島の間に広がる根室海峡（ねむろ）。羅臼港を拠点に知床方面へ、多様な生き物たちの姿に出会う壮大なクルーズに向かおう。

　流氷が運ぶ植物プランクトンと、それを求めて魚たちが集まり、その魚を目当てにやってくるクジラやイルカ、シャチなど大形の海洋生物たち。知床半島の東側、国後島までわずか25kmという雄大な景観に恵まれた栄養豊富な羅臼の海は、多様な野生動物に遭遇できる世界でも希少な海峡だ。クルーズ船エバーグリーンに乗って素晴らしい景色を楽しみながら、クジラが吹き上げる噴気などを手がかりにガイドの示す観察ポイントを捉えよう。遭遇率の高まる春から初秋にかけてがおすすめ。

INFORMATION

知床ネイチャークルーズ
☎ 0153-87-4001
交 根室中標津空港から車で1時間10分
所 羅臼町本町27-1 営7:00～18:00
休 10月下旬～4月中旬 P あり
●クジラ・イルカ・バードウォッチング
催行期間 4月下旬～10月中旬
所要時間 2時間30分 料 8800円
URL www.e-shiretoko.com

知床ナイトサファリツアー
しれとこナイトサファリツアー

野生動物たちの夜の姿に感動

夜の知床国立公園内を車に乗って移動しながら、エゾシカやキタキツネ、ヒグマなどの野生動物を探す。レクチャーを受けたあと、暗闇に潜む動物の光る目を探す。散策はなく、車内からの観察ツアー。

【催行会社】ピッキオ知床

☎0152-26-7839

URL shiretoko-picchio.com/jp/

●知床ナイトサファリツアー

催行期間 4〜11月　所要時間 2時間

料 4300円〜

サケの遡上ウォッチングツアー
サケのそじょうウォッチングツアー

散策しながら迫力ある姿を観察

9月になると、外洋で成長した鮭が生まれ故郷の川を目指して遡上する姿を追う。ツアーでは、魚たちの行動に配慮しつつ観察、川の役目や鮭や鱒が自然のなかで果たす役割についても解説する。

【催行会社】ピッキオ知床

☎0152-26-7839

URL shiretoko-picchio.com/jp/

●サケの遡上ウォッチングツアー

催行期間 9〜10月　所要時間 2時間　料 4000円〜

オオワシ観察撮影クルーズ
オオワシかんさつさつえいクルーズ

冬に飛来する姿を求めて

流氷とともに知床に飛来する天然記念物のオオワシ、オジロワシなど大形猛禽類たちの姿を、車で移動しながら探す。精悍な姿や、魚を捕獲するために海に飛び込む躍動感ある様子を双眼鏡で観察する。

【催行会社】北の知床観光

☎080-8299-6354

URL c-ohwashi.com/

●オオワシ観察撮影クルーズ

催行期間 1月下旬〜3月中旬　所要時間 2時間30分　料 8800円

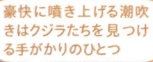

豪快に噴き上げる潮吹きはクジラたちを見つける手がかりのひとつ

躍動する野生の命

タンチョウは絶滅を逃れ
霧深い雪裡川から飛び立つ

躍動する野生の命

鶴居村の人々の保護活動によって、かつて300羽ほどだった野生のタンチョウが、現在では約1300羽（釧路管内）までに増えたという

冬場には、-20℃を下回ることもあるなか、美しいタンチョウたちの姿を求めて多くの撮影者たちがこの橋を訪れる

音羽橋
おとわばし

鶴居村 **MAP** P.189 D-3

釧路市の鶴居村を流れる雪裡川に架かるタンチョウ観察で有名な
ポイント。厳冬期の絶景が見られる貴重な場所だ。

　厳しい冬でも凍ることのない雪裡川は、道東の湿原に生息するタンチョウがねぐらにする場所。川霧が立ち込めるなか、体長1.4～1.5mほどもある優美な姿で休む野生のタンチョウを脅かすこなく観察できる唯一のポイントでもある。風のない良く晴れた日の早朝が、川霧が発生することが多いことから、絶好のタイミングといわれる。橋の近くにも駐車スペースがあるが、決められた場所以外に立ち入ることなく、マナーを守って素晴らしい生命の絶景を観察するようにしたい。

INFORMATION

📞0154-64-2020(鶴居村観光協会)
🚌たんちょう釧路空港から車で30分
🏠鶴居村雪裡原野北7線東
開休料見学自由 Pあり

周辺スポット

鶴見台
つるみだい
MAP P.27- 1

自然のままの美しい姿を見る

11〜3月の間、タンチョウが飛来する給餌場。野生のタンチョウの群れを観察することができるスポット。

☎0154-64-2050(鶴居村教育委員会) 交JR釧路駅から車で40分 所鶴居村下雪裡 開休料見学自由(給餌は午前・午後の2回。時間・回数は不定) Pあり

釧路市丹頂鶴自然公園
くしろしたんちょうづるしぜんこうえん
MAP P.27- 2

タンチョウを自然の状態で見学

タンチョウの保護と繁殖を目的とした施設。タンチョウの姿はもちろん、人工ふ化に関する展示も見られる。

☎0154-56-2219 交JR釧路駅から車で40分 所釧路市鶴丘112 開9:00〜18:00(10月15日〜4月9日は〜16:00) 休無休 料480円 Pあり

丹頂が見える店 どれみふぁ空
たんちょうがみえるみせ どれみふぁそら
MAP P.27- 3

タンチョウが見られるカフェ

地産野菜を使った料理や、摘みたてのハーブティーが楽しめる。窓からタンチョウやシマエナガの姿を眺めながら食事を楽しめる。

☎0154-64-3987 交JR釧路駅から車で40分 所鶴居村鶴見台 開10:00〜16:00 休火曜、第3水曜(2月は無休) Pあり

阿寒国際ツルセンター グルス
あかんこくさいツルセンター グルス
MAP P.27- 4

人工給餌発祥の地

タンチョウの保護と、生態や行動の研究を行う施設。冬には野生のタンチョウが飛来する。

☎0154-66-4011 交JR釧路駅から車で50分 所釧路市阿寒町上阿寒23-40 開9:00〜17:00 休無休 料480円(分館と共通) Pあり

タンチョウは漢字では「丹頂」。頭頂に露出した赤い(丹)皮膚が見えることによる

半島の野生動物の頂点に立つ
山の王者の威厳

知床に生息するヒグマは500頭前後。5月上旬～7月下旬が活動期だ

切り立つ断崖絶壁のオホーツク海側で数少ない岩場の海岸線が続くルシャ湾は、サケの遡上があることから、ヒグマの出没頻度も高くなる

海岸線を歩くヒグマの親子に遭遇することも。ヒグマの姿を発見すると、船を停止して観察タイムを設けてくれるので、双眼鏡は必携だ

知床半島クルーズ
しれとこはんとうクルーズ

斜里町 MAP P.189 E-1

ウトロ港を起点にオホーツク海側を巡る知床半島クルーズ。ヒグマとの遭遇率の高い人気のルシャコースを体験。

　断崖絶壁が続く知床半島のオホーツク海側。陸地部分は特別保護区のため、一般車両が立ち入ることのできない半島の突端周辺に、海側から迫る豪快なクルージングが体験できる。ウトロ港を出発し、夕日が美しいプユニ岬や硫黄泉が流れるカムイワッカの滝、1500m級の知床連山の稜線など数ある絶景を堪能しながら、高密度でヒグマが生息するルシャ湾を目指す。カラフトマスやシロサケの遡上を目当てに岩場の海岸に現れるヒグマたちの姿を観察できるかもしれない。

INFORMATION

ゴジラ岩観光
☎0152-24-3060
🚌根室中標津空港から車で1時間30分 📍斜里町ウトロ東51 🕗8:00〜17:00 🈺荒天時 🅿あり
●ルシャコース
催行期間 4月下旬〜10月下旬
所要時間 2時間 料 8000円
URL kamuiwakka.jp

知床峠ダウンヒルサイクリング
しれとことうげダウンヒルサイクリング

自然を全身で感じ爽快に走る

知床半島を横断する知床横断道路。そのほぼ中間に位置する標高738mの知床峠まで車で向かい、そこからウトロの街まで、ガイドの案内に従って自転車で下っていく迫力満点のサイクリング体験。

【催行会社】知床サイクリングサポート
☎0152-24-2380/090-9526-3572
URL shiretokocycling.jp/
●知床峠ダウンヒルサイクリング
催行期間 4月下旬〜11月上旬　所要時間 2時間
料 6000円

知床五湖ガイドツアー
しれとこごこガイドツアー

大自然の迫力を間近に体感

知床を代表する景勝地・知床五湖の原生林を巡る3つの散策コース。五湖すべてを巡る「大ループ」、一湖と二湖を巡る「小ループ」、さらに一湖まで敷かれた木道のみを歩く「高架木道」から選べる。

【催行会社】SHINRA
☎0152-22-5522
URL www.shinra.or.jp/
●知床五湖ガイドツアー
催行期間 4月下旬〜11月上旬　所要時間 3時間
料 5500円〜

写真提供：シンラ

写真提供：シンラ

スターウォッチング
スターウォッチング

大自然のなか輝く夜空に感動

街灯などの人工の明かりがほとんどない知床半島。天の川や星座を、テントマットの上で寝転がりなら気軽に観察できる。その日の条件に合わせて観察ポイントに出かけ、ていねいな星空解説が受けられる。

【催行会社】知床ネイチャーオフィス
☎0152-22-5041
URL www.sno.co.jp/
●スターウォッチング
催行期間 6〜11月　所要時間 1時間30分
料 4000円〜
※満月前後はムーンウォッチングとして案内

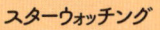

知床に生息するヒグマの亜種・エゾヒグマは、北米などの種類よりやや小ぶりなのが特徴

日本最大の砂の半島で微笑む
冬の使者たちの宴

アザラシウォッチングコース

別海町 MAP P.189 E-2

全長約26kmに及ぶ日本最大規模の砂の半島の野付半島。周辺の海では、ゴマフアザラシの群れが愛くるしい姿で出迎えてくれる。

　野付半島は、砂州で形成される細長い半島だ。半島に囲まれた野付湾を周遊する観光船が運航されており、風光明媚な半島風景を間近に満喫できる。6～10月はゴマフアザラシが湾内に姿を見せ、頭と尾びれを持ち上げた愛らしいエビゾリポーズで人気を呼んでいる。7～8月限定で、アザラシウォッチングの特別観光船が登場。エビゾリポーズのアザラシが最もよく見られる時間帯を狙って出航する。海草のアマモをベッドに、かわいいい姿でひと休みするアザラシに心奪われる。

INFORMATION

別海町観光船
☎0153-86-2533
🚗根室中標津空港から車で35分 所別海町尾岱沼港町232尾岱沼漁港コミュニティセンター1F 営8:30～16:30 Pあり
●アザラシウォッチングコース
催行期間 公式サイトを要確認
所要時間50分 料1800円※改訂予定あり
URL www.aurens.or.jp/~kankousen

ユニークなアザラシのエビゾリポーズは、体を温めるのが目的らしい

ゴマ模様とつぶらな瞳で人気者のゴマフアザラシ。冬から春にオホーツク海沿岸に回遊し、一部が野付半島に留まって秋まで姿を見せる

アマモが繁殖する野付湾の浅瀬は居心地抜群。海草をベッドにひと休み

野付半島は湿原や森林、花々も咲く自然豊かな半島。立ち枯れた木々が林立する景勝地「トドワラ」の散策を楽しめるクルーズも用意されている

生き物本来の姿と出会う

野生を感じる動物園 & 水族館

動物たちの本来の姿を見せる行動展示を全国に広めた旭川市 旭山動物園と
世界初の展示施設を持つ北の大地の水族館で、躍動する生き物と出会う。

いきいきとした動物たちに感動!
環境づくりで他に類のない動物園

旭川市 旭山動物園
あさひかわしあさひやまどうぶつえん

約15万㎡の敷地に、絶滅の危機に
瀕するホッキョクグマやアムール
トラから、付近に生息するエゾシ
カやキタキツネ、アオダイショウ
まで、約100種 約640点の動物を
展示。動物が本来持つ特性を生か
した展示施設の開設を続け、いき
いきとした姿で暮らす動物たちが
見られることで、全国的にその名
を知られる。

旭川市 MAP P. 188 A-2

☎0166-36-1104 ✈旭川空港から旭
川電気軌道バス・旭山動物園行きで
35分、旭山動物園下車すぐ 所旭川
市東旭川町倉沼 開1月2日〜4月7日
10:30〜15:30、4月26日〜10月15日
9:30〜17:15、10月16日〜11月3日
9:30〜16:30、11月11日〜12月29日
10:30〜15:30 料1000円、中学生以
下無料 休4月8〜25日、11月4〜10日
P あり

ぺんぎん館
ぺんぎんかん

生息域の異なる4種のペンギンを展
示。館内には、卵や羽の標本のほ
か、海に棲む色鮮やかな魚を展示
するミニ水槽もある。

きりん舎・かば館
きりんしゃ・かばかん

カバの大きさ、重さ、キリンの背の高さ
がよくわかる施設。キリンを同じ目線の
高さで観察することもできる。

おらんうーたん館
おらんうーたんかん

熱帯雨林の森に生息し、一生のほとんど
を樹上で過ごすオランウータン。冬は屋
内の放飼場で展示。

ほっきょくぐま館
ほっきょくぐまかん

もぐもぐタイムの水中ダイブでは怖いくらいの迫力を感じられるホッキョクグマ。屋内は暗く、まるで氷の下にいるような感覚になる。

あざらし館
あざらしかん

旭山動物園の魅力を全国に知らしめた施設で、アザラシが垂直に泳ぐ様子が見られる。屋外にはオオセグロカモメも展示。

ちんぱんじー館
ちんぱんじーかん

学習、道具を使う行動、1回に1頭出産する繁殖方法や歯の数まで人間と同じというチンパンジー。道具を使って器用にエサを食べたり遊んでいる姿はまるで人間を見ているようだ。

レッサーパンダ舎
レッサーパンダしゃ

吊り橋を渡り、渡った先の樹上で寝る姿が見られる。レッサーパンダの隣にはマヌルネコを展示。

エゾシカの森
オオカミの森
エゾシカのもり
オオカミのもり

エゾオオカミが絶滅するまでは、人とオオカミとエゾシカが共存していたという、100年前の北海道の自然をイメージした施設。

フラミンゴ舎
フラミンゴしゃ

間近で歩いたり、エサを食べる姿を観察できる。羽ばたき浮き上がる姿が見られることも。

**工夫満載の展示で
生命力に満ちた魚を観察**

北の大地の水族館
きたのだいちのすいぞくかん

凍った川の下を泳ぐ魚たちを観察できる世界初の展示がある。そのほかにも滝つぼ水槽やジャンプ水槽など、魚たちが自然界で行っている行動をさまざまなアイデアでうまく展示に生かしている。水槽の水におんねゆ温泉の地下水や温泉水を利用しているのも特徴。

北見市 MAP P.188 B-2

☎0157-45-2223 ⛳JR留辺蘂駅から北見バス・道の駅 おんねゆ温泉行きで20分、終点下車、徒歩2分 所北見市留辺蘂町松山1-4 ⏰9:30〜17:30 休4月8〜14日、12月第2月〜金曜 料670円 Ｐあり

イトウの大水槽
イトウのだいすいそう

北海道の一部でしか生息が確認されていないイトウが巨大水槽を自由に泳ぎまわる様子が楽しめる。

四季の水槽
しきのすいそう

道東などでは厳冬期には川が凍ることもしばしば。冬季に凍るこの四季の水槽で、氷の下の魚の生態を観察。

滝つぼ水槽
たきつぼすいそう

滝つぼは上流からエサが落ちてくる場所でもある。オショロコマがエサを狙い激流にあらがう様子が見られる。

川魚のジャンプ水槽
かわざかなのジャンプすいそう

魚たちは水位など川の変化に敏感。この水槽では20分ごとに水位を低くする。すると魚が上流に向かってジャンプを始める。

世界の熱帯淡水魚
せかいのねったいたんすいぎょ

アフリカ、東南アジア、アマゾンから北米南部などの淡水魚が集合。その独特な色や形が観察できる。

香しい花々の頃

北海道随一の桜の名所である
五稜郭公園や、富良野・美瑛の
カラフルな花畑など、春から夏にかけて
北国を彩る花々を追う。

美瑛町 **MAP** P.188 A-2

四季彩の丘
しきさいのおか

なだらかな美瑛の丘に描かれた
極彩色の縞模様

絶景ポイント

約14haの丘陵に数十種類の
草花が帯状に植えられて牧歌
的な風景を見せる。十勝岳連
峰のパノラマが最高の借景に

丘陵に彩りよく配置されて、花を咲か
せる四季折々の花々。周辺の畑には季
節の野菜や穀物が植えられており、
刻々とその景色を変化させていく

> カラフルな絨毯を敷き詰めたような花々と畑のパッチワーク風景が広がる美瑛の丘。トラクターバスやカートで花畑を巡ることができ、アルパカ牧場やレストランも併設している。

美瑛町のなだらかな丘を極彩色に染める花々をひと目見ようと、世界中から多くの観光客が訪れている。春から秋にかけて、波のように連なる丘陵にチューリップやルピナス、ラベンダー、サルビアなどの季節の草花が帯状に彩り豊かな花を咲かせ、メルヘンチックな縞模様を描き出す。周辺にはジャガイモや小麦などの畑が緑や黄金色に色づき、遥か彼方には十勝岳連邦の雄大な景色が広がる。一面銀世界となる冬の雪景色も幻想的で美しく、スノーラフティングやスノーモービルの体験ができる。

トラクターバスのノロッコ号で広大な花畑を周遊。自由に運転できるカートも用意している（いずれも別料金）

四季彩の丘のキャラクター、牧草ロールの「ロール君」。夏になると畑の随所に牧草ロールが

春はチューリップやパンジー、ルピナス、夏はラベンダーやサルビア、秋はケイトウやマリーゴールドが咲く

ACCESS
アクセス
新千歳空港
↓ 快速エアポートで37分
札幌駅
↓ 特急で2時間15分
旭川駅
↓ 富良野線で40分
美馬牛駅
美馬牛駅から徒歩25分

INFORMATION
問い合わせ先
四季彩の丘 ☎0166-95-2758

DATA
観光データ
所 美瑛町新星第3 開 6〜9月8:40〜17:30、5・10月8:40〜17:00、11〜12月9:10〜16:30、1月8:40〜16:30、2〜4月9:10〜17:00 休 無休 料 500円（7〜9月）P あり（有料）

BEST TIME TO VISIT
訪れたい季節
5月中旬〜10月初旬にかけて、美瑛の丘の花畑では季節の鮮やかな花を次々と楽しめる。なかでも数多くの花々に出会えるのが7〜9月。カラフルなパッチワークの花畑を楽しめる絶好のシーズンだ。花畑の風景を目に焼きつけたら、今度はまったく異なる冬の銀世界を経験してみては。

千代ヶ岡駅
セブンスターの木
北美瑛駅
赤羽の丘
452
マイルドセブンの丘
道の駅びえい ★「丘のくら」P.121
美瑛駅
美瑛町
富良野線
西美の杜美術館
1 三愛の丘展望公園
水沢ダム水天宮
2 千代田の丘
かんのファーム 4
美馬牛駅
3 拓真館
四季彩の丘
ジェットコースターの路

0 2km

TRAVEL PLAN

美瑛の丘をパノラマで楽しめる展望スポットや観光花畑を巡る。各スポットにある
レストランでは、地元の野菜や果物をふんだんに使ったグルメを味わえる。

COURSE

10:00	美瑛駅
↓	車で10分
10:10	三愛の丘展望公園
↓	車で2分
11:15	千代田の丘
↓	車で5分
12:20	拓真館
↓	車で5分
13:25	四季彩の丘
↓	車で7分
14:35	かんのファーム
↓	車で3分
16:00	美馬牛駅

三愛の丘展望公園
さんあいのおかてんぼうこうえん
MAP P.40- 1

赤い三角屋根が印象的

南西になだらかな美瑛の丘陵地帯、北東
には旭岳や十勝岳連峰と美瑛周辺の美し
い自然が望める公園。
☎0166-92-4378（美瑛町観光協会）交JR
美瑛駅から車で10分 所美瑛町三愛みどり
開休料入園自由（冬季閉鎖）Pあり

公園内はゆっくりと散策できる

千代田の丘
ちよだのおか
MAP P.40- 2

ファームズ千代田の敷地内にあり、丘上
の展望台はそれ自体が景色の一つのシン
ボルとなっている。
☎0166-92-7015（ファームズ千代田）交JR
美瑛駅から車で13分 所美瑛町水沢春日
台第一 開休料入場自由 Pあり

高台の展望台からは絶景が楽しめる

展望台のとんがり屋根が特徴的

拓真館
たくしんかん
MAP P.40- 3

廃校となった小学校の校舎を改装した、
風景写真家・前田真三氏の作品を展示
するギャラリー。
☎0166-92-3355 交JR美瑛駅から車で
12分 所美瑛町拓進 開10:00～17:00、
11～3月10:00～16:00（最終入館は各
15分前まで）休無休 料無料 Pあり

歴史を感じさせる外観

美瑛の景色を切り取った写真

四季彩の丘
しきさいのおか

多彩な花の色に野菜などの色合いが交わる

アクセス良好の定番の観光地

10月上旬までさまざまな花が楽しめる

園内をトラクターバスでまわる「四季彩ノロッコ号」

かんのファーム
MAP P.40- 4

上富良野と美瑛の境界にある観光農園。売店はラベ
ンダーグッズのほか、収穫したジャガイモやトウモ
ロコシといった味覚も楽しめる。
☎0167-45-9528 交JR美馬牛駅から車で3分 所上富良
野町西12線北36 美馬牛峠 開9:00～17:00 休10月下
旬～6月上旬 料無料 Pあり

香しい花々の頃

真駒内滝野霊園
まこまないたきのれいえん

 大地に顔を出す巨大な仏頭
スピリチュアルな花模様

絶景ポイント

中央に大仏が頭をのぞかせる
不思議な花風景。夏に数万株
のラベンダーが花を咲かせると、
よりいっそう神秘的な風景に

ラベンダーの丘の内部は頭大仏殿となっており、厳かな静寂の世界が広がる。内部を拝観して、巨大仏の全体像を見上げたい

> 総面積約180万㎡の自然豊かな公園霊園に巨大建造物が点在し、四季を通して散策を楽しめる。夏にはラベンダーの花々が頭大仏を取り囲む唯一無二の景色を眺められる。

札幌市南区に位置する北海道最大級の公園霊園。大和ハウスプレミストドーム約32個分の広大な敷地の約6割を緑地が占め、散策が楽しめる憩いの場となっている。自然豊かな園内は、巨大なモアイの群像や仏像、ストーンヘンジなどが点在する神秘的な空間。夏にラベンダーが咲く丘の下は、大仏殿になっている。丘の上に頭を出す頭大仏を数万株のラベンダーが包み込むシュールな光景が人気を呼んでいる。園内にはレストランやカフェ、売店も併設。墓所という場所に配慮しながら見学を楽しみたい。

例年8月16日の夜には送り火として園内各所に明かりが灯り、花火を打ち上げる

正面入口に立ち並んで迎える巨大なモアイ像。最大のものは高さ9.5m、重さ120t

平成28年（2016）に建築家の安藤忠雄氏が設計した頭大仏殿。天井の上部にラベンダーの丘が位置している

ACCESS
アクセス
新千歳空港
↓ 快速エアポートで37分
札幌駅
↓ 徒歩で5分
さっぽろ駅
↓ 南北線で22分
真駒内駅

真駒内駅から中央バス・真108滝野線で真駒内滝野霊園(頭大仏)下車すぐ

INFORMATION
問い合わせ先
真駒内滝野霊園☎011-592-1223

DATA
観光データ
所 札幌市南区滝野2 開 大仏拝観9:00～16:00(11～3月は10:00～15:00) 休 無休 料 300円 P あり

BEST TIME TO VISIT
訪れたい季節
真駒内滝野霊園のラベンダーの丘が紫色に染まるのは7月上旬から中旬頃で、頭大仏とのコラボを楽しむことができる。滝野すずらん丘陵公園は春から秋にかけて花や紅葉が美しい。スズランの花の見頃は6月上旬頃。

イギリスの世界遺産・ストーンヘンジを模したもの

砥石山 ▲
南区
観音岩山（八剣山）▲
焼山
簾舞川
真簾峠
真簾山

230
地下鉄南北線
自衛隊前駅
真駒内駅
月寒川

エドウィン・ダン記念館 4
5 札幌市アイヌ文化交流センター（サッポロピリカコタン）
石山緑地 3
豊平川
真駒内川
豊平区

2 札幌芸術の森
453
真駒内滝野霊園 ☆
滝野すずらん丘陵公園 1

N
0 2km

TRAVEL PLAN

🚗

札幌市内に点在する歴史・文化・芸術を満喫するスポットを巡る。どの施設も自然豊かなのんびりとした空間だ。滝野すずらん丘陵公園は季節の花の宝庫。

COURSE

10:00	真駒内駅
↓	車で20分
10:20	滝野すずらん丘陵公園
↓	車で5分
11:40	真駒内滝野霊園
↓	車で10分
12:50	札幌芸術の森
↓	車で10分
14:00	石山緑地
↓	車で5分
15:05	エドウィン・ダン記念館
↓	車で25分
16:30	札幌市アイヌ文化交流センター（サッポロピリカコタン）
↓	車で25分
18:30	真駒内駅

札幌軟石の採石場がアーティスティックな公園に

石山緑地を代表するネガティブマウンド

札幌市アイヌ文化交流センター（サッポロピリカコタン）
さっぽろしアイヌぶんかこうりゅうセンター（サッポロピリカコタン）

MAP P.44- 5

アイヌ民族の生活や歴史、文化を楽しみながら学べる施設。屋内には約300点の伝統衣装や民具を展示している。刺繍などの制作体験もある。
📞011-596-5961 🚃地下鉄・真駒内駅からじょうてつバス・定山渓温泉行きで40分、小金湯下車、徒歩6分 🏠札幌市南区小金湯27 🕐8:45～22:00、展示室・屋外展示9:00～17:00 🈺月曜、祝日、毎月最終火曜 💴無料(展示室観覧350円) 🅿あり

アイヌの文化にふれる

歴史の里にチセ(家屋)を再現

滝野すずらん丘陵公園
たきのすずらんきゅうりょうこうえん

MAP P.44- 1

約400haの広大な国立公園。花畑や庭園に約800種の草花が咲き、春には約23万株のチューリップが丘をカラフルに染める。
📞011-592-3333(滝野公園案内所) 🚃地下鉄・真駒内駅から北海道中央バス・すずらん公園東口行きで30分、終点下車、徒歩1分 🏠札幌市南区滝野247 🕐9:00～17:00(時期により異なる) 🈺4月1～19日、11月11日～12月22日 💴450円 🅿あり(有料)

真駒内滝野霊園
まこまないたきのれいえん

水が張られた神聖な空間を通ることで心を清めるという意味がこめられている

石山緑地
いしやまりょくち

MAP P.44- 3

国道453号沿いに位置する南区の石山緑地は、かつて札幌軟石が産出された場所。北海道在住の彫刻家集団「サンク」による造形空間が広がっている。
📞011-578-3361(藻南公園管理事務所) 🚃地下鉄・真駒内駅からシャトルバスで15分 🏠札幌市南区石山78 🕐見学自由(駐車場は7:00～21:00) 🈺11月下旬～4月中旬 💴無料 🅿あり

斜面に広がる鮮やかな花 アクティビティの種類も豊富

色分けされたチューリップが丘の上にカラフルな模様を描き出す

札幌芸術の森
さっぽろげいじゅつのもり

MAP P.44- 2

企画展を開催する屋内美術館や自然のなかで彫刻作品を楽しめる野外美術館、クラフト体験に参加できる工房などの施設が点在。四季に合わせたイベントも開催。
📞011-592-5111 🚃地下鉄・真駒内駅から北海道中央バス滝野線で15分、芸術の森入口下車、徒歩すぐ 🏠札幌市南区芸術の森2-75 🕐9:45～17:00(入場は～16:30) 6～8月は～17:30(入場は～17:00) 🈺11月4日～4月28日の月曜(祝日の場合は翌日)、野外美術館は11月4日～4月28日 💴野外美術館800円、佐藤忠良記念子どもアトリエ を含む 🅿あり(有料)

野外美術館は彫刻が多数

マルタ・パン《浮かぶ彫刻・札幌》

多種多様な展覧会が行われている美術館

エドウィン・ダン記念館
エドウィン・ダンきねんかん

MAP P.44- 4

明治時代の初期、開拓使により招聘（しょうへい）されたアメリカ人、エドウィン・ダンの業績や人柄を紹介する記念館。建物は真駒内に明治13年(1880)に牧牛場の事務所として造られた。
📞011-581-5064 🚃地下鉄・真駒内駅から徒歩10分 🏠札幌市南区真駒内泉町1-6 🕐9:30～16:30 🈺水曜、11～3月は月～木曜 💴無料 🅿なし

開拓者精神を伝えたダン

昭和39年(1964)、現在地に移築

フラワーランド
かみふらの

富良野のダイナミックな眺望と

季節の花が魅了する彩りの楽園

香しい花々の頃

7〜9月に運行する40人乗りのトラクターバスが園内を走り、一面の花畑や山々の壮大な風景が堪能できる。主要な花畑を約15分かけて周遊

> 山々や盆地の広がる北海道ならではの雄大な風景と丘を染める季節の花々。展望台から一面の花畑を見晴らし、トラクターバスで巡って花畑の絶景を縦横無尽に満喫したい。

上富良野町の広大な丘陵地を季節の花が美しく染め上げる。目の前に十勝岳連峰の峰々が連なり、眼下に富良野盆地を見晴らす大パノラマと季節の花々の競演が何よりも魅力だ。色とりどりに咲く6月中旬のキカラシに始まり、7月には富良野を代表するラベンダーの紫、8月にはマリーゴールド、9月はサルビアと、訪れる月によって違った色と風景が待っている。園内を周遊するトラクターバスに乗って、のんびりと巡るのがおすすめ。ラベンダーポプリを使った安眠枕作りなどの各種体験も行っている。

秋は赤、白、青系の色鮮やかなサルビアが咲き、牧歌的な風景に彩りを添える

トラクターバスから、次々と移り変わる花畑を楽しめる。窓枠が額縁となって、まるで絵画のよう

ラベンダーは7月上旬からが見頃。花畑内に通路があるので、花に囲まれての撮影も可能

ACCESS
▶アクセス

旭川空港
↓旭川電気軌道77系統、ふらのバス
↓快速ラベンダー号で35分
旭川駅
旭川駅から車で1時間

INFORMATION
▶問い合わせ先

フラワーランドかみふらの
☎0167-45-9480

DATA
▶観光データ

所 上富良野町西5線北27号 開 9:00～16:00(2～4月、11月)、9:00～17:00(5・6・9・10月)、9:00～18:00(7、8月)※最終入園は閉園30分前まで 休 12～2月、3・4・11月の土・日曜、祝日※花畑は10～5月まで閉園 料 600～1900円(イベントにより異なる) P あり

BEST TIME TO VISIT
▶訪れたい季節

各地のラベンダー園も巡るなら7月がベストシーズンだ。8～9月にはマリーゴールドやサルビアなどカラフルな花々が咲き誇る鮮やかな季節。月ごとに楽しみが異なるので、好みの花の開花期を目指して訪れたい。

フラワーランドかみふらの

1 日の出公園
2 北星山ラベンダー園
3 フラノマルシェ
4 カンパーナ六花亭
5 ニングルテラス

ファーム富田 P.60

0 2km

TRAVEL PLAN

ラベンダーの名所を巡りながら、上富良野周辺の人気のグルメ＆ショッピングスポットへ。木のぬくもりあふれる六花亭のカフェでひと休みしながらスイーツを。

COURSE

9:55	上富良野駅
↓ 車で3分	
10:00	日の出公園
↓ 車で8分	
11:10	フラワーランドかみふらの
↓ 車で15分	
12:30	北星山ラベンダー園
↓ 車で15分	
14:00	フラノマルシェ
↓ 車で10分	
15:30	ニングルテラス
↓ 車で10分	
17:00	富良野駅

日の出公園
ひのでこうえん
MAP P.48- 1
展望台前で「愛の鐘」を鳴らそう

なだらかな坂道を上ると、360度の大パノラマ。ラベンダー畑、十勝岳連峰、田園風景…。園内の「愛の鐘」はカップルに人気。
☎0167-39-4200 交JR上富良野駅から車で3分 所上富良野町東1線北27 開休入園自由 Pあり

写真を撮るなら愛の鐘の前がおすすめ

フラワーランドかみふらの

広大な花畑をトラクターバスで効率的に見学

北星山ラベンダー園
ほくせいやまラベンダーえん
MAP P.48- 2

北星山の中腹にあるラベンダー畑。頂上までの観光リフトを使えば、「空中散歩気分」で楽々上り下り。冬はスキー場として利用される。
☎0167-44-2133（中富良野企画課）交JR中富良野駅から車で2分 所中富良野町宮町1-41 開6月中旬～8月下旬9:00～16:40期間中無休 料無料 Pあり

リフトに乗って空中散歩を満喫

3種のラベンダーだけでなく、多彩な花も楽しめる

フラノマルシェ
MAP P.48- 3

ユニークなテイクアウトショップや富良野ブランドの商品を揃えるフラノマルシェ1、花屋や雑貨店、飲食点が並ぶフラノマルシェ2がある。
☎0167-22-1001 交JR富良野駅から徒歩7分 所富良野市幸町13-1 営10:00～18:00（6月14日～8月は～19:00）休11月10～14日 Pあり

ここだけの味がたくさん

ふらのワインを加えたクッキーに白ブドウ風味のチョコレートを挟んだワインチョコサンドクッキー864円

インフォメーションコーナーでは観光情報も充実

のり塩、うすしお、ガーリック、コンソメと種類豊富なふらのっち各160円

LUNCH
景色を楽しみながらランチ
カンパーナ六花亭
カンパーナろっかてい
MAP P.48- 4

併設の喫茶室ではクッベやハヤシライスなど軽食を楽しめる

☎0120-12-6666 交JR富良野駅から車で10分 所富良野市清水山 開10:00～17:00（季節により異なる）休不定休 Pあり

ニングルテラス
MAP P.48- 5

倉本聰氏の著書『ニングル』の名をとったショッピングエリア。新富良野プリンスホテルに隣接する森の中にショップが点在。
☎0167-22-1111（新富良野プリンスホテル）交JR富良野駅から車で10分 所富良野市中御料 営11:00～19:45（7～8月10:00～20:45、12～3月12:00～20:45）休店舗により異なる、11月にメンテナンス休あり Pあり

テーマは森の知恵者ニングル

自然のなかに溶け込むようにログハウスが建つ

香しい花々の頃

北竜町 ひまわりの里

ほくりゅうちょうひまわりのさと

絶景ポイント

東京ドーム約5個分の広大な敷地を鮮やかな黄色に染める。見ているだけでパワーを感じられる壮大なスケールだ

太陽を向く200万本の大輪に パワーを感じて元気をチャージ

なだらかな丘に広がる国内最大級のヒマワリ畑。「ひまわりまつり」の期間中にはひまわり迷路や写真撮影など、楽しいイベントが盛りだくさん。

北竜町はヒマワリの作付け面積日本一を誇る「ひまわりの里」。昭和54年(1979)に、当時の農協職員が研修先のヨーロッパで見たヒマワリ畑に感動したことから、北竜町でヒマワリ栽培が始まった。観光拠点の「ひまわりの里」は、平成元年(1989)に誕生した。

約23haの丘に咲くヒマワリはおよそ200万本で、規模は国内最大級。30日以上にわたり、園内のどこかで満開のヒマワリに出会える。見頃の時期に開催される「北竜町ひまわりまつり」の期間中は、「ひまわり迷路」や遊覧車などのイベントを楽しめる。

「北竜町ひまわりまつり」の期間中に運行する遊覧車「ひまわり号」。広い園内を約15分かけて周遊する(有料)

ACCESS
アクセス

旭川空港
↓ 特急ライラック、カムイで32分
滝川駅

滝川駅から車で40分。会場付近へのバスの本数はかなり少ないため、タクシーの利用がおすすめ。

INFORMATION
問い合わせ先

北竜町
ひまわりの里 ☎0164-34-2082
（ひまわりまつり開催中のみ）

DATA
観光データ

所北竜町板谷143-2 開休料見学自由
（ひまわり迷路への入場は有料）Pあり
（有料化予定）

BEST TIME TO VISIT
訪れたい季節

ヒマワリの最盛期は8月上旬頃。「北竜町ひまわりまつり」は例年7月中旬〜8月中旬に入場無料で開かれ、ひまわり迷路（有料）などのイベントを楽しめる。夏休み中で混雑が予想されるので、午前中の見学のがおすすめ。

香しい花々の頃

斜面に植えられた約200万本のヒマワリが、見学者のいる東に向いて一斉に花を咲かせる。たっぷり陽光が注がれる晴天の午前中に、花の黄色が最も映える

草刈りや間引きなどの作業は、地元の人たちのボランティアによる。町民たちの支援で美しい風景が保たれている

周辺のスポット

道の駅 サンフラワー北竜
みちのえきサンフラワーほくりゅう

MAP P.51

日帰り温泉やホテルを併設する道の駅。地元の食材を使ったメニューを提供するレストランもおすすめ。☎0164-34-3321 ❌JR滝川駅から車で40分 所北竜町板谷163-2 営ショップ8:00〜21:00、レストラン11:00〜14:00 17:00〜20:00、温泉9:30〜22:00 休無休 Pあり（無料）

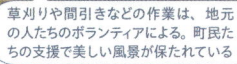

宿泊も立ち寄りも便利な道の駅

インパクト抜群な北竜門が目印

五稜郭公園
ごりょうかくこうえん

星形城郭を包み込むソメイヨシノ
やさしい春色に染まる歴史の舞台

香しい花々の頃

隣接する五稜郭タワー展望台からの眺
望。函館市街地や津軽海峡の眺望も
楽しめる。公園に向かう前に眺めてお
けば、園内の地形が把握できて便利だ

北海道の貴重な歴史スポットであり、道内を代表する桜の名所。五稜郭タワーから見晴らす眺望は必見だ。園内に復元された箱館奉行所の建物内で五稜郭の歴史も学べる。

星形の形状が美しい五稜郭は、幕末に江戸幕府の役所として築造された日本初の西洋式城塞。戊辰戦争終焉の地でもあり、激戦の舞台として知られる。現在は国の特別史跡に指定され、全域が公園に整備された。春には堀の内外が、約1500本の花桜に包まれて桜の名所の賑わいをみせる。五稜郭タワーから全貌を見晴らし、遊歩道やお堀のボートで間近から眺め、あるいはライトアップされた夜など、さまざまに史跡の桜を満喫したい。春の桜に続いて、藤棚やツツジの花も園内で楽しめる。

ACCESS
アクセス
函館空港
↓ 函館バス 5系統で34分
五稜郭タワー前バス停
五稜郭タワー前バス停からすぐ

INFORMATION
問い合わせ先
五稜郭公園管理事務所
☎ 0138-31-5505

DATA
観光データ
所 函館市五稜郭町44 開 5:00〜19:00 (11〜3月は〜18:00) ※郭外は常時開放 休 無休 料 無料 P なし

BEST TIME TO VISIT
訪れたい季節
五稜郭公園の桜は4月下旬〜5月上旬が見頃。ちょうどゴールデンウィークの期間で例年混雑する。比較的人の少ないのは平日の午前中だ。散り始め頃には、お堀の水面をピンクの花びらが覆う花筏の雅な風景が見られる。

堀の水も凍りつき、真っ白に雪化粧した風景が幻想的

お堀に映り込む桜もまた美しい。手漕ぎボートに乗って水上風景を楽しめる。お堀沿いには遊歩道も整備されている

ライトアップされた夜桜。園内の一部エリアでは、北海道名物のお花見ジンギスカンを楽しむ人々の姿が見られる

雪で白一色に染まる冬の五稜郭。毎年12〜2月頃の日没からお堀にイルミネーションが灯る。函館の夜景も美しい

五稜郭駅
函館本線
函館湾
函館港 ⚓
五稜郭公園
🚌 五稜郭タワー前
2 函館麺厨房 あじさい本店
金森赤レンガ倉庫 4
函館駅
函館市
函館市 旧イギリス領事館 3
亀田川
278
松倉川
函館山 ▲
十字街駅
1 函館市青函連絡船記念館摩周丸
谷地頭駅
函館山 ロープウェイ P.180
5 立待岬
大鼻岬

N
0 ━━ 1km

TRAVEL PLAN 🚗

五稜郭公園近くの人気ラーメン店でご当地麺を満喫。函館市内に点在する異国情緒あふれるレトロ建築や津軽海峡一望の海の絶景スポットを訪ねよう。

COURSE

10:00	函館駅
	↓ 車で3分
10:05	函館市青函連絡船記念館摩周丸
	↓ 車で15分
11:20	五稜郭公園
	↓ 車で15分
13:35	函館市旧イギリス領事館
	↓ 車で3分
14:40	金森赤レンガ倉庫
	↓ 車で10分
16:00	立待岬
	↓ 車で15分
17:15	函館駅

金森赤レンガ倉庫
かねもりあかレンガそうこ

MAP P.54-4

函館で初の営業倉庫として明治末期に建造された建物を改築したベイエリアで人気のスポット。ショッピングやグルメ、ビヤホールなどバラエティ豊かな店舗が並ぶほか、ホールとチャペルも備えている。☎0138-27-5530 ⊠市電・十字街電停から徒歩5分 ⓐ函館市末広町14-12 ⊕9:30～19:00(季節、店舗により異なる) ⊛無休 ⓟあり(有料)

函館らしいショップが並ぶ ベイエリアのシンボル

明治15年(1882)頃に築造された、函館に唯一残る運河

函館市青函連絡船記念館摩周丸
はこだてせいかんれんらくせんきねんかんましゅうまる

MAP P.54-1

昭和63年(1988)に廃止になった青函連絡船・摩周丸をそのまま保存した資料館。4階の甲板は360度の景色が楽しめる隠れた絶景ポイント。☎0138-27-2500 ⊠JR函館駅から徒歩4分 ⓐ函館市若松町12番地先 ⊕8:30～18:00、11～3月9:00～17:00 ⊛無休 ⓟ500円 ⓟなし

船の構造や 歴史を学べる

船内を無料で案内してもらえるのもうれしい

五稜郭公園
ごりょうかくこうえん

幕末の戦いの名残が今も園内随所に見られる

函館市旧イギリス領事館
はこだてしきゅうイギリスりょうじかん

MAP P.54-3

イギリス領事館は安政6年(1859)の箱館開港時に置かれたが、現在の白壁に瓦屋根の和洋折衷の建築は大正2年(1913)に再建。当時の様子を伝える開港記念館になっているほか、イギリス風カフェも併設する。☎0138-83-1800 ⊠市電・末広町電停から徒歩5分 ⓐ函館市元町33-14 ⊕9:00～19:00(11～3月は～17:00) ⊛無休 ⓟ300円 ⓟなし

館内のカフェではアフタヌーンティーを楽しめる

LUNCH

伝統の塩ラーメンは納得の一杯

函館麺厨房 あじさい本店
はこだてめんちゅうぼう あじさいほんてん

MAP P.54-2

昔から変わらぬ人気の定番「味彩塩拉麺」をじっくり堪能したい

☎0138-51-8373 ⊠市電・五稜郭公園前電停から徒歩10分 ⓐ函館市五稜郭町29-22 ⊕11:00～20:25 ⊛第4水曜(祝日の場合は翌平日) ⓟあり

瓦の寄棟屋根と白いレンガ造りの壁に青い窓額縁といったシンプルな美しさが際立つ

コロニアル・スタイルに瓦葺き屋根のエレガントな和洋折衷が素敵

立待岬
たちまちみさき

津軽海峡を 見渡す岬

MAP P.54-5

函館山南端のビュースポット。かつては異国船を監視する要所だった。岬へ向かう坂道には石川啄木一族の墓、広場には与謝野寛・晶子夫妻の歌碑がある。☎0138-23-5440(函館市観光案内所) ⊠市電・谷地頭電停から徒歩20分 ⓐ函館市住吉町 ⊛見学自由(11月中旬から3月末頃は車両通行止め) ⓟあり

高台にありダイナミックな断崖絶壁と津軽海峡が見える

ひがしもこと芝桜公園

ひがしもことしばざくらこうえん

一人の花好き農家の努力の結晶
丘陵をピンクの小花が染め上げる

絶景ポイント

麓から頂上までピンクに埋め尽くすシバザクラの花絨毯は圧巻。頂上の展望台に上って全貌を目に焼きつけたい

ピンクの芝桜と空、山の緑の織りなすコントラストが美しい。地面に根を張り咲く芝桜は生命力の強い花として親しまれている

大空町にあるシバザクラの名所。10haにおよぶ斜面いっぱいに広がる、ピンクや白、紫の小さなシバザクラのカーペット。ゴーカートや釣り堀などの遊びの施設も整ってゆっくり過ごせる。

畑作農家だった中鉢末吉さんが、藻琴山の麓にシバザクラを植え始めたのは昭和52年（1977）のこと。急斜面に手植えしてコツコツと面積を広げていき、今では10haの規模を誇る。春になれば、ピンク色の可憐な花々が絨毯を敷き詰めたように、山の斜面を色鮮やかに染める。園内には遊歩道が整備され、麓と頂上を結ぶピンクの遊覧車がのどかに走る。シバザクラに囲まれたゴーカートや釣り堀、足湯や日帰り温泉施設まで整っている。花盛りとなる5月上旬から下旬にかけて、芝桜まつりが盛大に催される。

ゴーカートは1周820mのコースで1名400円、2名600円で楽しめる

山頂に建つ山津見神社は大正2（1913）年創建の山の神様。芝桜と一体化したピンク色の鳥居

青空が広がるといっそう映える。頂上の展望台から眺めるなら、遊覧車を利用すれば便利

ACCESS
▼アクセス

女満別空港
↓ 車で30分
ひがしもこと芝桜公園

網走駅からは網走東藻琴線で40分、東藻琴（バス会社前）下車、車で10分

INFORMATION
問い合わせ先

東藻琴芝桜公園管理公社
☎0152-66-3111

DATA
観光データ

所 大空町東藻琴末広393 開 休 料 見学自由※5月3日〜5月下旬の祭り期間中は8:00〜17:00、入場料700円 P あり

BEST TIME TO VISIT
訪れたい季節

シバザクラの見頃は5月上旬〜下旬頃。5月中は芝桜まつりも開催されて多彩なイベントを楽しむことができる。芝桜公園内のキャンプ場は7〜9月に利用でき、日帰り温泉も営業している。美幌峠などの屈斜路湖周辺の山頂展望スポットは、紅葉や雲海が見られる秋のシーズンもきれい。

同公園と隣接した藻琴山（標高約1000m）を水源とする「銀嶺水」は名水百選にも選ばれる名水

☆ひがしもこと芝桜公園
ハイランド小清水725 [1]
美幌峠 [4]
[3] 道の駅ぐるっとパノラマ美幌峠
津別峠展望施設 [2]
[5] コタン温泉
摩周湖カムイテラス★ P.106
P.107 道の駅摩周温泉

TRAVEL PLAN 🚗

屈斜路湖や硫黄山、知床連邦を見晴らす絶景スポットが屈斜路湖周辺の山々に点在。道の駅ぐるっとパノラマ美幌峠でご当地食材グルメを満喫しよう。

COURSE

9:00	女満別空港
↓	車で30分
9:30	ひがしもこと芝桜公園
↓	車で17分
11:00	ハイランド小清水725
↓	車で2時間
14:00	津別峠展望施設
↓	車で1時間45分
16:45	道の駅 ぐるっとパノラマ 美幌峠
↓	徒歩すぐ
17:45	美幌峠
↓	車で20分
18:20	コタン温泉
↓	車で20分
19:40	摩周駅

ひがしもこと芝桜公園
ひがしもことしばざくらこうえん

道内屈指の芝桜の名所

津別峠展望施設
つべつとうげてんぼうしせつ

MAP P.58- 2

津別町と弟子屈町との境にある標高947mの峠にある展望施設。気象条件が揃えば、屈斜路湖を覆う壮大な雲海が見られることも。開館時間外も屋外スペースから景色を楽しめる。

☎0152-77-8388(津別町商工観光係) 交JR美幌駅から車で1時間15分 所津別町上里 開9:00〜19:00休11〜5月料無料 Pあり

雲海を望む
人気スポット

阿寒摩周、知床、大雪山の3つの国立公園が一望できる

ハイランド小清水725
ハイランドこしみず725

MAP P.58- 1

阿寒摩周 国立公園北端に位置する藻琴山の中腹、標高725mに建つレストハウス。オホーツク海や知床連山、屈斜路湖などを一望できる。☎0152-62-4481(小清水町役場産業課商工観光係) 交JR川湯温泉駅から車で25分 所小清水町もこと山1 開9:00〜17:00(5・9月は〜16:00、10月は〜15:00) 休11〜4月 料無料 Pあり

パノラマの眺望が広がる

300度の大パノラマは見応え十分

道の駅 ぐるっとパノラマ美幌峠
みちのえき ぐるっとパノラマびほろとうげ

MAP P.58- 3

屈斜路湖や周囲の山を一望できる景色で知られる道の駅。地元の名産を生かした商品や銘菓など多彩な商品が揃う。テイクアウトグルメも試してみたい。
☎0152-77-6001 交JR摩周駅／JR美幌駅から車で30分 所美幌町古梅 営9:00〜18:00(11〜3月は〜17:30) 休無休 Pあり

2階は誰でも利用できる展望休憩室

絶景が楽しめる
道の駅

美幌峠
びほろとうげ

MAP P.58- 4

屈斜路湖のカルデラ外輪山の西縁に位置する峠。標高525mの美幌峠展望台から、屈斜路湖と噴煙を吐く硫黄山、遠くに知床連山や大雪の峰々を見渡せる。
☎0152-77-6001((株)TAISHI) 交JR美幌駅から車で30分 所美幌町古梅 開休料見学自由 Pあり

町内産トマトに唐辛子をブレンドした食べるソース810円

美幌特産の黒毛和牛と玉ネギ、ジャガイモ、ニンジンをじっくり煮込み、旨みが凝縮1026円

北海道有数の展望スポット

中島は周囲約12kmで、淡水湖では日本一大きな島だが、上陸は禁止されている

コタン温泉
コタンおんせん

MAP P.58- 5

露天風呂があり、冬にはオオハクチョウを見ながら湯浴みが楽しめる。
☎015-482-2200(摩周湖観光協会) 交JR川湯温泉駅から車で22分 所弟子屈町屈斜路コタン 開入浴自由 休金曜8:00〜16:00の清掃時 料無料 Pあり

無料で楽しめる
湖畔の露天風呂

清掃時以外はいつでも利用できるのがうれしい

ファーム富田
ファームとみた

個性豊かな13の花畑を巡り
ラベンダーの芳香に安らぐ

絶景ポイント
100種類以上の花々が13の花畑に点在し、季節ごとに異なる風景を見せる。ラベンダーは夏の約2カ月にわたり開花

長い歴史を有し、富良野でも人気の高いラベンダー畑。広大な敷地にはラベンダーのほかにも多種多彩な花が咲き、趣の異なる数多くの花畑を散策しながら楽しめる。

ファーム富田は昭和33年（1958）から、オイル生産を目的にラベンダー栽培を始め、現在も敷地内の工場で、アロマオイルや香水などを製造している。広大な園内には13の花畑があり、多彩な花々を春から秋にかけて観賞できる。日本最大規模のラベンダ一畑には約6万株が咲き、見頃は6月下旬〜8月中旬まで。近くの臨時駅・ラベンダー畑駅には、JR富良野線の富良野・美瑛ノロッコ号が開花期に合わせて臨時停車する。園内で作られたラベンダー製品はショップで購入でき、工場見学を楽しむことも可能だ。

ファーム富田の原点となった「トラディショナルラベンダー畑」。畑の上部からラベンダー越しに十勝岳連峰を一望

ACCESS
アクセス

新千歳空港
↓ 快速エアポートで37分
札幌駅
↓ 特急ライラック、カムイ（滝川駅乗り換え）で2時間15分
富良野駅
↓ 富良野線で10分
中富良野駅
中富良野駅から車で5分

INFORMATION
問い合わせ先
☎ 0167-39-3939

DATA
観光データ
所 中富良野町基線北15 開 季節により変動あり（HPで要確認）休 無休 料 無料 P あり URL www.farm-tomita.co.jp

BEST TIME TO VISIT
訪れたい季節
4月下旬〜10月上旬頃まで季節の花々を楽しめる。ラベンダーは6月下旬〜8月上旬が開花期で、最も盛んな期間は7月中旬。温室のラベンダーハウスでは夏以外にもラベンダーの花などを観賞できる。7月下旬頃に訪れると、ラベンダーの刈り取り風景が見られることも。

香しい花々の頃

ラベンダーにも多品種あり、色も少しずつ違う。「倖の畑」では4種類のラベンダーのグラデーションを楽しめる

ラベンダーやコマチソウ、カリフォルニアポピーなど、なだらかな丘に七色の花々が帯状に虹のように咲き誇る「彩りの畑」。7月中旬〜下旬に見頃を迎える

周辺のスポット

知る人ぞ知る
フォトジェニックな沼

鳥沼公園
とりぬまこうえん

MAP P.61

透明度が高く四季折々の景色を楽しめるのが魅力。4月下旬〜10月の土・日曜、祝日は無料の貸しボートを楽しめる。
☎ 0167-39-2312 交 JR富良野駅から車で10分 所 富良野市東鳥沼 開 貸しボート9:00〜17:00 休 無休 料 無料 P あり

夏にはホタルが見られるスポットとしても有名

芦別市
滝里湖
38 高峰
西中駅
富良野線
北十八号
ファーム富田 ☆
ラベンダー畑駅
上富良野町
0 3km N
島ノ下トンネル
空知川
鹿討駅
237
北十一号
中富良野駅
中富良野町
富良野盆地
学田駅
P.49 カンパーナ ★
六花亭
P.49 フラノマルシェ ★
富良野駅
東大農
鳥沼公園
富良野市
富良野スキー場

かみゆうべつ チューリップ公園

かみゆうべつチューリップこうえん

湧別町民のソウルフラワー
チューリップ愛あふれる花畑

湧別町で町の花として愛され続けるチューリップの広大な花畑。5月のチューリップフェアの期間中には楽しいイベントと多種多彩な花が迎えてくれる。

7haの園内に咲き乱れるチューリップは約200品種70万本。湧別町では昭和30年代から球根の輸出用にチューリップ栽培を始め、輸出が低迷した後も生産農家らが畑の隅や自宅の庭に植えて花を愛し続けてきた。昭和50年（1975）に開園したチューリップ公園の花畑は、チューリップ愛の深い町民らが手植えして整備した。周遊電動バスや展望台で広大な風景を眺め、間近で花ごとの色や形、香りの違いを楽しみたい。5月に約1カ月行われるチューリップフェアには、毎年5万人超の観光客が訪れる。

環境に配慮した電動バスのチューピット号（別料金）で園内を周遊。お気に入りの花を見つけたら、間近で眺めよう

絶景ポイント

約200種類の多彩な花が咲く広大なチューリップ畑。ていねいに手植えされた花々が、彩り美しくデザインされている

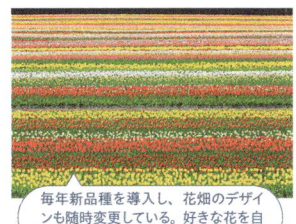

毎年新品種を導入し、花畑のデザインも随時変更している。好きな花を自分で採取できる掘り取り販売も実施

葉の向きを揃えて植えるなど、細かな工夫や努力によってチューリップ畑の美しい風景が保たれている。風車の展望台から彩り美しい園内全体を一望できる

ACCESS
アクセス

女満別空港
↓ 網走バス女満別空港線で25分

網走駅
↓ 特急オホーツク、大雪で1時間43分

遠軽駅
遠軽駅から北海道北見バス湧別・紋別線で20分、チューリップ公園下車、徒歩1分。または網走駅から車で1時間30分

INFORMATION
問い合わせ先
湧別町観光協会 ☎01586-8-7356

DATA
観光データ
所 湧別町上湧別屯田市街地358-1 開休料 見学自由、5月1日～6月上旬のフェア期間中は8:00～18:00、入場料600円 P あり

BEST TIME TO VISIT
訪れたい季節
チューリップのベストシーズンは5月中旬頃。チューリップフェアは5月の1カ月にわたって開催され、ゲート前には飲食店やみやげ物店が賑やかに軒を連ねる。花の開花状況によって開催期間の変動もあるので、直前にホームページなどで確認しておこう。

香しい花々の頃

周辺のスポット

地元の人に愛される
温浴施設

道の駅 かみゆうべつ温泉 チューリップの湯
みちのえき かみゆうべつおんせん チューリップのゆ

MAP P.63

日帰り温泉が楽しめる道の駅。オートロウリュ式のサウナも利用できる。

☎01586-4-1126 交JR遠軽駅から車で22分 所湧別町中湧別中町3020-1 営10:00～22:00、11～3月11:00～21:00（食事処11:00～14:00、17:00～21:00）休メンテナンス休館あり 料650円 P あり

館内には売店や食事処もある

道の駅 かみゆうべつ温泉 チューリップの湯

五鹿山公園

東五線
東九号

湧別町

湧別川

十五号

242

☆かみゆうべつ チューリップ公園

N
0 1km

遠軽駅

札幌市 **MAP** P.186 B-4

幌見峠
ラベンダー園

ほろみとうげラベンダーえん

紫のカーペット越しに望む
大都市・札幌のパノラマビュー

> 札幌市街地のパノラマとラベンダー畑を一度に楽しめる魅力的な絶景スポット。ラベンダー
> が見頃を迎える7月には、市街地観光と併せて気軽に出かけたい。

　幌見峠は名前の示すとおり、札幌を一望できる峠。山頂にラベンダー畑が広がり、紫の花畑越しに市街地のパノラマを写真に収めることができる。　昭和62年（1987）に120株から始まったラベンダー畑は、今では約8000株の花々が紫の絨毯となって斜面を覆うまでになった。園内で、ラベンダーの株や手作りのエッセンシャルオイルを販売し、ラベンダーの摘み取り体験も行う。ラベンダー園は開花期のみの営業だが、併設の展望駐車場は春から秋まで利用でき、札幌の展望スポットとして知られている。

青空や緑の木々のコントラストも鮮やか。シンボルツリーのドロノキが風景にアクセントを添えている

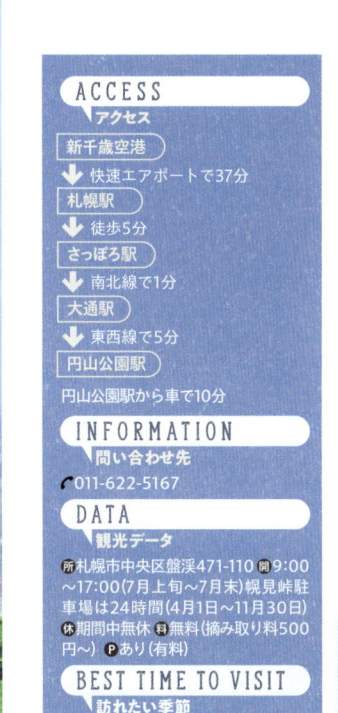

絶景ポイント

札幌の市街地の眺めを約8000株のラベンダーが色鮮やかに演出してくれる。眺望の開けた日に訪れたい絶景スポット

ACCESS
アクセス

新千歳空港
↓ 快速エアポートで37分
札幌駅
↓ 徒歩5分
さっぽろ駅
↓ 南北線で1分
大通駅
↓ 東西線で5分
円山公園駅

円山公園駅から車で10分

INFORMATION
問い合わせ先

☎ 011-622-5167

DATA
観光データ

所 札幌市中央区盤渓471-110 開 9:00〜17:00(7月上旬〜7月末)幌見峠駐車場は24時間(4月1日〜11月30日) 休 期間中無休 料 無料(摘み取り料500円〜) P あり(有料)

BEST TIME TO VISIT
訪れたい季節

ラベンダー園は開花期の7月上旬〜7月末頃に営業する。夕暮れ時には夕日や街の夜景ともに花を楽しめる。開花期以外でも、札幌の街の眺望が楽しめ、夜景スポットとしても人気が高い。もうひとつの札幌市街地の眺望スポット、旭山記念公園では四季折々に可憐な花々が咲いている。

香しい花々の頃

幌見峠の夏を彩る眺望豊かなラベンダー畑。天気の良い日には札幌の市街地のみならず、遠くに十勝岳や大雪山旭岳まで見晴らせる。夜景スポットでもある

花穂の長い「成沢」、花穂が短く丸まった「濃紫早咲き3号」をはじめ、多種類のラベンダーを栽培している

周辺のスポット

噴水の向こうに
札幌の街が広がる

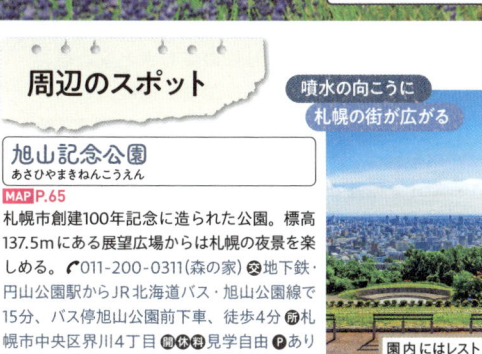

園内にはレストハウスもある

旭山記念公園
あさひやまきねんこうえん

MAP P.65

札幌市創建100年記念に造られた公園。標高137.5mにある展望広場からは札幌の夜景を楽しめる。☎ 011-200-0311(森の家) 交 地下鉄・円山公園駅からJR北海道バス・旭山公園線で15分、バス停旭山公園前下車、徒歩4分 所 札幌市中央区界川4丁目 開 休 料 見学自由 P あり(16〜22時)

円山公園駅
札幌市
中央区
89
旭山記念公園
宮の森ジャンプ競技場
夢工房さとう
☆幌見峠ラベンダー園
N
0 500m

女満別空港の ひまわり

めまんべつくうこうのひまわり

黄一色に染まる花畑の上を 巨大な旅客機が飛び立つ

絶景ポイント

2.3haの敷地に約46万本が咲く壮大な花畑。まるでヒマワリ畑に飛行機が離着陸するような特別な光景が広がる

飛行機の離着にタイミングを合わせてシャッターを切って。ヒマワリ畑の美しさと飛行機の迫力を実際に見て確かめたい。網走湖女満別湖畔にも立ち寄り、季節の絶景を堪能。

大空町女満別で例年8月上旬〜下旬に見頃を迎えるのが、女満別空港の北側に咲くヒマワリ畑だ。夏に女満別空港を訪れる人たちを歓迎する思いを込めて、広大なヒマワリ畑が空港脇に作られた。2.3haに及ぶ広大な畑にはおよそ46万本のヒマワリが植えられ、ヒマワリと飛行機を同時に撮影できると人気を呼んでいる。植えられているのは寒さに強く一般的なヒマワリ品種よりも背丈の低い「夏りん蔵」という品種。一面黄色の花畑の上を飛行機が離着陸するダイナミックな風景が多くの人を楽しませる。

ヒマワリ畑に飛行機が降り立ったかのような迫力満点の写真も撮れる。こちらを向いて咲くヒマワリが色鮮やか

ACCESS
▼アクセス

女満別空港
↓ 網走バス女満別空港線で5分
女満別十字街バス停
↓ 徒歩5分
女満別駅
女満別駅から車で10分

INFORMATION
▼問い合わせ先

大空町産業課商工グループ
☎ 0152-77-8128

DATA
▼観光データ

所 大空町女満別中央254 開休料 見学自由 P あり

BEST TIME TO VISIT
▼訪れたい季節

女満別空港のひまわりの開花期は、8月上旬〜下旬の約2週間。期間がそれほど長くないので、開花のタイミングを逃さぬよう事前の確認が大事だ。

香しい花々の頃

周辺のスポット

網走湖女満別湖畔
あばしりこめまんべつこはん

MAP P.67

目の前に広がる湖の景観は最高のロケーション。特に夕暮れ時は息をのむほどの美しさ。
☎ 0152-77-8128（大空町産業課商工グループ）図女満別空港から車で10分 所大空町女満別湖畔 開休料見学自由 P あり

女満別空港の間近に広がる花畑。飛行機の便数はあまり多くないので、飛行機と花の競演を楽しむ場合はフライトケジュールを事前に確認しておこう

四季折々の景色を楽しめる

夏には「めまんべつ観光夏まつり」を開催

網走湖
★メルヘンの丘 P.82
網走湖女満別湖畔
女満別駅
★ 道の駅
メルヘンの丘めまんべつ P.83
石北本線
大空町
★女満別空港のひまわり
女満別空港IC
西女満別駅 ✈女満別空港
美幌バイパス
N
0 1.5km

ゆりの郷こしみず リリーパーク

ゆりのさとこしみずリリーパーク

甘い香りと気品あふれる彩り
多彩な世界のユリが花咲く丘

世界中のユリの花が咲く大規模なユリ園。美しい花の絶景を観賞したあとはゆり根のソフトクリームや手軽な地元グルメも味わえる。

小清水町は野生のユリが多く自生し、ユリの生育に適していることから、観賞用のユリ栽培が盛んな地域だ。園内には、人気品種のカサブランカをはじめ、100品種以上の世界中のユリが丘陵地を華やかに彩る。7月下旬頃からスカシ系などの早咲き品種が小ぶりな花を開き始め、8月中旬頃にはオリエンタル系の遅咲き品種が大輪の花を開いて園内は甘い芳香に包まれる。開花期間中の訪れる時季により、出会える花はさまざまだ。売店でユリの販売を行い、ゆり根入りソフトクリームも味わえる。

早咲きのスカシ系はやや小ぶりの花で香りは控えめ。カサブランカなど遅咲きのオリエンタル系は大輪で香り豊か

香しい花々の頃

絶景ポイント

約13haの丘に植えられた100種以上約700万本のユリ。花の色も形も大きさも多様で、日ごとに風景を変えていく

園内中には1周徒歩30〜40分の遊歩道を整備し、カートに乗っての園内ツアーも行っている

ACCESS
アクセス

女満別空港
↓ 網走バス女満別空港線で25分

網走駅
↓ JR釧網本線で27分

浜小清水駅
浜小清水駅から網走バス小清水線で14分、下町2区下車、徒歩20分。またはJR浜小清水駅から車で15分

INFORMATION
問い合わせ先

☎ 0152-62-2903

DATA
観光データ

所 小清水町元町2-643-2 開 9:00〜17:00(8月下旬以降は〜16:00) 休 無休 料 800円 P あり

BEST TIME TO VISIT
訪れたい季節

小ぶりのスカシ系なら7月下旬から、大輪のオリエンタル系なら8月下旬からが例年の見頃。いつ訪れるかで見られる花の種類が異なり、同じ花でも色の濃さが少しずつ変化していく。広大な園内では、何度訪れても違った風景を見られる。ガーデンエリアには、ユリ以外の季節の花も咲く。

小清水町に広がる火山灰地は水はけが良く、日当たりも良い土地が多いことからユリ栽培に適しているという

周辺のスポット

まちの魅力を発信する
癒やしのスポット

施設内には無料の足湯も

道の駅 パパスランドさっつる
みちのえき パパスランドさっつる

MAP P.69

地元の野菜を使ったメニューを提供するレストランのほか、温泉施設や直売所があるので休憩にぴったり。

☎ 0152-26-2288 交 JR札弦駅から徒歩10分 所 清里町神威1071 営 レストラン11:00〜13:30(LO)、17:00〜19:00(LO)、温泉10:00〜21:00(最終入場20:30)、直売所9:00〜20:00 休 レストラン水曜 料 温泉入館480円 P あり

ゆりの郷
こしみず
リリーパーク

浜小清水駅
清里町駅
小清水町
清里町
道の駅
パパスランドさっつる
札弦駅

0 3km

花と緑に彩られた庭園をたどる

北海道ガーデン街道の花畑

旭川から十勝を結ぶ250kmの北海道ガーデン街道には、北国ならではの草花を生かした庭が揃う。
春から秋にかけて、広大な大地を賑やかに染める花と緑の楽園をドライブで巡ってみたい。

大雪山系の麓を染める鮮やかな花々

大雪 森のガーデン
だいせつ もりのガーデン

大雪山連峰を望む丘陵に広がる森に造られた庭。四季折々豊かに宿根草が咲く「森の花園」、木々と山野草が癒やす「森の迎賓館」秘境のような森の遊びに触れて寛げる「遊びの森」の3つの世界からなる広大なガーデン。

上川町 **MAP** P.188 A-2

☎01658-2-4655 ⊗JR上川駅から車で15分 ⊕上川町菊水841-8 ⊛4月下旬～10月上旬9:00～17:00(最終入園16:00) ⊛期間中無休 ⊛1000円 ⓟあり

900品種を超える色彩豊かな宿根草が咲き誇る「森の花園」季節ならではの景色が次々に移り変わる

自然の木々と可憐な山野草に囲まれて寛げる「森の迎賓館」。9月中旬からは高原ならではの紅葉の色彩が森に広がる

庭造りを手伝う妖精ノームにちなんだノームの庭。野草と花々の組み合わせが美しい

北国の風土に合わせた植物たち

上野ファーム
うえのファーム

農村風景を楽しんでもらおうと始まった庭造りが、今や北海道を代表するガーデンにまで発展。英国のデザインをベースに、風土を生かした花や草木がアレンジされている。古い納屋を改装したカフェもある。

旭川市 **MAP** P.188 A-2

☎0166-47-8741 ⊗JR旭川駅から道北バス69番で終点上野ファーム下車、徒歩1分(夏季のみ運行) ⊕旭川市永山町16-186 ⊛4月中旬～10月中旬10:00～17:00 ⊛期間中無休 ⊛1000円 ⓟあり

風のガーデン
かぜのガーデン

倉本聰氏の脚本によるドラマ『風のガーデン』の撮影地。ドラマの撮影のために造られた美しい庭で、数々のシーンが蘇る。風のガーデン受付から、送迎車を利用して訪れることができる。

富良野市 MAP P.188 A-3

☎0167-22-1111(新富良野プリンスホテル) 🚃JR富良野駅から車で10分 🈶富良野市中御料 🈺4月下旬〜10月中旬8:00〜17:00(最終受付16:30、季節により変動あり) 🈴期間中無休 🈭1000円 🅿️あり

ドラマのセットが再現されたグリーンハウス。建物内を見学することができる

アース・ガーデン〜大地の庭〜は、日高山脈に感化されたデザイナーにより、草原だった土地に造られたもの。山脈に続くような設計が特徴

北海道にふさわしい壮大なスケール

十勝千年の森
とかちせんねんのもり

日高山脈の麓に400haという広大な敷地を持つガーデン。コンセプトの異なる5つのエリアがあり、ダン・ピアソンスタジオの設計によるアース・ガーデンとメドウ・ガーデンは国際的な賞も受賞している。

清水町 MAP P.188 A-4

☎0156-63-3000 🚃JR帯広駅から車で45分 🈶清水町羽帯南10線 🈺4月下旬〜10月中旬9:30〜17:00(季節により変動あり) 🈴期間中無休 🈭1200円 🅿️あり

60年目を迎えた針葉樹の庭

真鍋庭園
まなべていえん

大きな針葉樹が立ち並ぶ庭は、十勝を開拓し、樹木の育成や販売を行う真鍋家が手がける。ヨーロッパ庭園、日本庭園、風景式庭園などの回遊式庭園があり、2つのコースを散策できる。

帯広市 MAP P.188 B-4

☎0155-48-2120 🚃JR帯広駅から車で15分 🈶帯広市稲田町東2線6 🈺4月下旬〜11月下旬8:30〜17:30(10・11月は時短あり) 🈴期間中無休 🈭1000円 🅿️あり

美しい針葉樹のグラデーションのなかに、チロルハウスをモチーフとした赤い屋根の建物が建つヨーロッパ庭園

小高い丘にあるスカイミラーは、十勝の街並みを一望できる撮影スポット。日中は眺めが良く、夕方の日没時も美しい眺望が楽しめる

花、食、農をテーマにした7つの庭

十勝ヒルズ
とかちヒルズ

約1000種の植物が季節ごとに楽しめる。野菜、ハーブを育てる食をテーマにしたゾーンもあり、園内のカフェではハンガリーの国宝であるマンガリッツァ豚を輸入して育てた「十勝ロイヤルマンガリッツァ豚」も味わえる。

幕別市 MAP P.188 B-4

☎0155-56-1111 🚃JR帯広駅から車で20分 🏠幕別市日新131-5 🗓4月下旬～10月下旬9:00～17:00 🈺期間中無休（施設により冬季営業あり）💴1000円 🅿あり

夫人の想いを映す色彩の庭

紫竹ガーデン
しちくガーデン

紫竹昭葉さんが庭造りを始めたのは63歳から。今では北海道ガーデンのなかでも多くの花が見られる庭といわれ、22のゾーンで構成された園内には、約2500種の花々が咲く。

帯広市 MAP P.188 B-4

☎0155-60-2377 🚃JR帯広駅から車で30分 🏠帯広市美栄町西4線107番 🗓4月下旬～11月上旬8:00～17:00 🈺期間中無休（4月上旬にメンテナンス休あり）💴1000円 🅿あり

リボン花壇は紫竹ガーデンのなかでも色鮮やかな一角。ガゼボの周囲に左右対称な花壇がデザインされている

十勝六花の一つに数えられるエゾリュウキンカ。園内の水辺で4月下旬～5月中旬に開花する

包装紙の十勝六花が咲く

六花の森
ろっかのもり

川のせせらぎが心地よい清涼感あふれる庭を、北国の花々が彩る。六花亭の包装紙に描かれた6つの花は、十勝六花と名付けられ、その花の咲く姿が見られるようにと造られた庭。

中札内村 MAP P.188 B-4

☎0155-63-1000（開園期間のみ）🚃JR帯広駅から車で30分 🏠中札内村常磐西3線249-6 🗓4月下旬～10月下旬10:00～16:00（季節により変動あり）🈺期間中無休 💴1000円 🅿あり

輝く緑を追って

北海道の面積の約10％を占める十勝平野、
日本最大の湿原である釧路湿原など
圧倒的なスケールで広がる緑の大地を
眺めていると、心が解放されるよう。

ナイタイ高原牧場 ナイタイテラス

ナイタイこうげんぼくじょうナイタイテラス

地平線へ続く十勝平野の大地
牛の群れる高原

絶景ポイント

東京ドーム約358個分という広大な牧場の向こうに十勝平野。晴れた日には阿寒の山々まで見晴らす大展望が広がる

ナイタイ高原牧場は昭和47年（1972）に完成。東西約5.5km、南北3.1kmに及び、標高は365m〜1000m。ナイタイとはアイヌ語で「奥深い沢」を意味する

丘陵地に広がるのどかな牧場の最上部にたたずむモダンな展望レストハウス。ソフトクリームや地元グルメを味わい、壮大な平原を眺めながらゆったりした時間を過ごせる。

ナイタイ高原牧場は、上士幌町にそびえるナイタイ山の南東麓に広がる。総面積約は公共牧場で最大の約1700haで、起伏に富む丘陵に2000頭余りの牛を放牧している。牧場の入口ゲートから高原に続く快適な約7kmのドライビングロードを上っていくと、頂上付近にナイタイテラスのモダンな建物が見えてくる。一面ガラス張りの展望カフェで、地元グルメやスイーツを味わいながら、牧場越しの十勝平野の大絶景を眺めてのんびり過ごせる。地元みやげが並ぶショップや屋外の展望テラスもある。

約2000頭の牛が春から秋まで牧草地で過ごし、冬は畜舎で飼育される。野生のシカが牧場に現れることもある

ナイタイテラスは平成31年(2019)にオープン。天井から足元まで続く全面窓から十勝の雄大な眺望を見渡せる

テーブル席のほか、窓に面したカウンター席も用意。ナイタイ和牛のバーガーやローストビーフ丼などが味わえる

● ACCESS
▼アクセス

とかち帯広空港

↓ とかち帯広空港連絡バスで40分

帯広駅バスターミナル

↓ 徒歩で1分

帯広駅

帯広駅から車で1時間。またはとかち帯広空港から車で1時間20分

INFORMATION
▼問い合わせ先

ナイタイテラス ☎ 090-3398-5049

DATA
▼観光データ

所 上士幌町上音更128-5 時 4月下旬〜10月下旬7:00〜18:00(6〜9月は〜19:00)※ナイタイテラスは9〜17時 休 期間中無休 P あり

BEST TIME TO VISIT
▼訪れたい季節

6月の新緑に始まり8月にかけては緑がまばゆい季節で、高原らしい鮮やかな風景を楽しめる。ナイタイ高原牧場名物の霧に包まれる日も多いが、うっすらと霧がかかると幻想的な風景になる。10月頃に見頃となる紅葉のシーズンには周辺の木々が美しく色づく。冬季は閉鎖される。

TRAVEL PLAN

ナイタイ高原牧場ののどかな風景や白樺並木の道路をドライブし、帯広市内で十勝名物の豚丼を味わう。幸福駅と愛国駅はパワースポットとしても人気。

幸福駅
こうふくえき

県内外の人が訪れる
幸せをもたらす駅

MAP P.76-

1970年代に「愛の国から幸福へ」でブームになった幸福駅。昭和62年(1987)に廃駅となったが、平成25年(2013)に交通公園として生まれ変わった。

☎0155-22-8600(帯広観光コンベンション協会)❷帯広駅バスターミナルから十勝バス広尾線で50分、バス停幸福下車、徒歩*5分❸帯広市幸福町東1線161❹売店9:00〜17:30(冬季9:30〜15:00)❺無休❻あり

駅舎とプラットホームが残り、ディーゼルカーの展示もしている

愛国駅
あいこくえき

MAP P.76- 2

SL展示をする交通記念館。幸福行き切符のモニュメントの前で写真撮影を忘れずに。

☎0155-22-8600(帯広観光コンベンション協会)❷帯広駅バスターミナルから十勝バス広尾線で33分、愛国下車、徒歩2分❸帯広市愛国町基線39-40❹9:00〜17:00❺12〜2月の月〜土曜❻あり

現役当時の
貴重な資料を展示

12〜3月の期間はSLの見学不可

モニュメントは駅舎前にある

COURSE

10:00	とかち帯広空港	
	↓ 車で5分	
10:05	幸福駅	
	↓ 車で15分	
11:20	愛国駅	
	↓ 車で35分	
13:00	白樺並木	
	↓ 車で7分	
14:00	道の駅 かみしほろ	
	↓ 車で30分	
15:30	ナイタイ高原牧場 ナイタイテラス	
	↓ 車で1時間	
17:30	帯広駅	

LUNCH

専門店で気軽にランチ
ぶた丼のとん田
ぶたどんのとんだ
MAP P.76- 3

ロースのほかバラやヒレのぶた丼も用意。写真はロースぶた丼960円

☎0155-24-4358❷JR帯広駅から車で8分❸帯広市東10条南17-2❹11:00〜18:00(LO※売り切れ次第終了❺無休※臨時休業あり❻あり

白樺並木
しらかばなみき

MAP P.76- 4

直線に約1.3km続く白樺並木は、今から約70年前に牧場職員によって植樹されたもの。新緑の白樺、雪の白樺も美しく、十勝牧場のある音更町の「美林」にも指定されている。

☎0155-44-2131(十勝牧場)❷道北バス・白樺並木前下車、徒歩2分❸音更町駒場並木8-1❹❺見学自由❻あり

見学は自由。牧草地や牧場内施設への入場は不可

まっすぐに続く
白樺並木の絶景

ナイタイ高原牧場 ナイタイテラス
ナイタイこうげんぼくじょう
ナイタイテラス

空の青と緑のコントラストが美しい

道の駅 かみしほろ
みちのえき かみしほろ

MAP P.76- 5

地元食材にこだわった洋食が楽しめるレストランや地元特産品を使用したオリジナル商品が買える売店など「食」が揃う道の駅。

☎01564-7-7722❷道東自動車道・音更帯広ICから車で55分❸上士幌町上士幌東3線227-1❹9:00〜18:00(10月中旬〜4月中旬は〜17:00)❺無休❻あり

地元のおいしいが
集まる道の駅

国道241号沿い。横に広い建物が目印

釧路市 MAP P.189 D-3

釧路市湿原展望台
くしろしつげんてんぼうだい

希少な動植物たちのゆりかご

未開の自然が残る日本一の湿地帯

絶景ポイント

南北約30km、東西最大約25km
に及ぶ日本一の大湿原。緑の
ヨシやスゲに覆われた大地のス
ケールを実感したい

低層湿地に野鳥などの多様な動植物が
暮らす。生物の生息域である重要湿地の
保全を目的としたラムサール条約の日本
第1号の登録湿地となった

> 日本一の湿原を一望できる、市街地に近い展望台。湿原について学べる展示や飲食店、ショップ、眺望抜群の散策路もあるので、時間をゆったりととって観光したい。

釧路湿原は、北海道東部の釧路平野に広がる日本最大の湿原。手つかずの自然が残り、特別天然記念物のタンチョウなどの希少な動植物が生息している。釧路市湿原展望台は湿原内に複数ある展望台のなかで最も市街地に近く、湿原観光の拠点の役割も持つ。360度ビューの展望フロアから湿原を一望でき、湿原のジオラマがある展示室やレストラン、ショップも併設する。周辺に1周約2.5kmの遊歩道が整備され、途中にあるサテライト展望台で、よりワイドな湿原の眺望を満喫できる。

釧路市湿原展望台遊歩道は右回りのみ冬季の通行が可能。厳冬期はタンチョウに出会える確率の高い季節

サテライト展望台から望む釧路湿原。釧路市湿原展望台から遊歩道を1.1km歩くとたどり着く

展望台の外観は、釧路湿原に生息するお坊さんの頭のような形をした植物の「ヤチボウズ」をモチーフにしている

ACCESS
アクセス

たんちょう釧路空港
↓ リムジンバス釧路空港線で45分
釧路駅前バス停
↓ 徒歩2分
釧路駅

釧路駅から車で30分

INFORMATION
問い合わせ先

釧路市湿原展望台
℡0154-56-2424

DATA
観光データ

所 釧路市北斗6-11 開 8:30~18:00 10~3月9:00~17:00 料 展望台入館料480円 休 無休 P あり

BEST TIME TO VISIT
訪れたい季節

6月~8月に青々とした湿原風景を楽しめる。植物が黄金色になる風景を楽しむなら、10月上旬~中旬頃。1~3月には雪景色やタンチョウ観察を楽しめるが、防寒対策が必要だ。4月下旬~10月頃には、湿原の中をのんびり走る列車「くしろ湿原ノロッコ号」が運行(2026年度以降の運行は未定)。

コッタロ湿原展望台 2
標茶町
茅沼駅
シラルトロ沼
塘路湖
塘路駅
鶴居村
音羽橋 P.24
丹頂が見える店 P.27
どれみふぁ空
鶴見台 P.27
釧 路 平 野
釧路市
釧路湿原
細岡駅
達古武湖
釧路湿原駅
岩保木山
1 細岡展望台
釧路市湿原展望台
釧路空港IC
遠矢駅
釧路町
史跡北斗遺跡展示館 3
釧路西IC
道東自動車道
釧路中央IC
釧路東IC
釧路別保IC
たんちょう釧路空港
根室本線
大楽毛駅
新大楽毛駅
新富士駅
釧路港
釧路駅
東釧路駅
武佐駅
別保駅
幣舞橋 4

TRAVEL PLAN

🚗

日本一の湿原を一望できる、市街地に近い展望台。湿原について学べる展示や飲食店、ショップ、眺望抜群の散策路もあるので、時間をゆったりととって観光したい。

COURSE

9:00	たんちょう釧路空港
↓	車で50分
10:00	細岡展望台
↓	車で30分
11:30	コッタロ湿原展望台
↓	車で30分
13:00	釧路市湿原展望台
↓	車で5分
14:05	史跡北斗遺跡展示館
↓	車で30分
15:35	幣舞橋
↓	車で5分
16:45	釧路駅

細岡展望台
ほそおかてんぼうだい
MAP P.80-1

果てしなく広がる 圧巻の大パノラマ

別名「大観望」と呼ばれ、釧路湿原を見渡せる最もポピュラーな展望台。釧路川の大きな蛇行を眼前に、快晴時には遠く阿寒山系の雄阿寒岳や雌阿寒岳、宮島岬やキラコタン岬などが望める。

☎0154-40-4455 🚋JR釧路駅から車で40分 🏠釧路町達古武22-9 🕐9:00〜18:00(季節により異なる)💴無料 🈺無休 🅿あり

隣接するビジターズラウンジでは休憩用ソファでくつろげる

太古の自然が残る 国立公園
古代の自然をイメージさせる景観

コッタロ湿原展望台
コッタロしつげんてんぼうだい
MAP P.80-2

釧路湿原を横断する道道1060号沿いの展望台。展望台までのドライブ中は釧路川の蛇行が間近で見られ、エゾシカやタンチョウとの遭遇があるかも。

☎015-486-7872(標茶町バスターミナル観光案内所) 🚋JR塘路駅から車で15分 🏠標茶町コッタロ 🈺散策自由 🅿あり

釧路市湿原展望台
くしろしつげんてんぼうだい

1周約2.5kmの遊歩道の途中にはサテライト展望台がある

史跡北斗遺跡展示館
しせきほくといせきてんじかん
MAP P.80-3

北斗遺跡は釧路湿原に面した旧石器時代からアイヌ文化期までの遺跡。入館無料の展示館では、実際の出土品や復元住居、遺構の全体模型なども見られる。

☎0154-56-2677 🚋JR釧路駅から車で30分 🏠釧路市北斗6-7 🕐10:00〜16:00 🈺月曜(祝日の場合は翌日)、11月16日〜4月15日 🅿あり

屋外に復元された擦文のムラ(展示館から徒歩10分ほど)
釧路湿原を望む 国指定史跡

幣舞橋
ぬさまいばし
MAP P.80-4

釧路市のシンボルのヨーロピアンスタイルの橋。夜になると橋全体がライトアップされ、橋から見る釧路港の夕景が人気。支柱の四方にはそれぞれ、現代日本を代表する4人の彫刻家による裸婦の四季像が立っている。

☎0154-31-1993(釧路観光コンベンション協会) 🚋JR釧路駅から徒歩で15分 🏠釧路市北大通 🈺見学自由 🅿あり

夜のライトアップは 幻想的な美しさ
川沿いの遊歩道でゆっくり散歩を楽しめる

輝く緑を追って

メルヘンの丘
メルヘンのおか

国道をドライブしながら楽しむ
絵本の1ページのような田園風景

絶景ポイント

青空によく映える丘の上の木々。
畑の農作物は季節や年ごとに
植え変わり、時間帯によっても
刻々と風景を変える

北海道の壮大な田園風景を美しく演出するメルヘンの丘は間隔を空けて立つ木々がアクセントに。休息は、近くの「道の駅 メルヘンの丘めまんべつ」に立ち寄ってみよう。

女満別市街から網走市方向へ国道39号をドライブしていると、7本のカラマツが田園地帯に立ち並ぶ風景が目に飛び込んでくる。なだらかな丘の上に並ぶ木々が、農地と青空、山並みを背景にしてほのぼのした風景をみせる。周辺の畑にはさまざまな農作物が育ち、春は小麦や野菜の葉の緑、夏はジャガイモの白い花や小麦の黄金色、冬は真っ白な雪原と、四季折々の風景が彩りを添える。あかね色の空に木々がシルエットとなって浮かび上がる、夕暮れ時のロマンティックな瞬間にも立ち会ってみたい。

冬枯れしたカラマツが雪原にたたずむ風景も幻想的で美しい。静寂に包まれる北海道の冬ならではの光景

輝く緑を追って

ACCESS
アクセス

女満別空港
↓ 網走バス女満別空港線で5分
女満別十字街バス停
↓ 徒歩5分
女満別駅
女満別駅から車で5分

INFORMATION
問い合わせ先

オホーツク大空町観光協会
☎0152-74-4323

DATA
観光データ

所 大空町女満別昭和 開 休 料 見学自由 P あり

BEST TIME TO VISIT
訪れたい季節

5月中旬〜6月中旬は緑の畑、6月下旬〜7月中旬はジャガイモの白やピンクの花と小麦の黄金色の穂、秋は筋を描く畝、冬は雪景色と、どの季節もそれぞれ美しい。畑の農作物の種類は年によって異なり、風景も変わる。女満別空港のひまわり畑も楽しむなら8月中を目処に。

秋には麦の穂が黄金色に輝く。麦の収穫後には、刈り取ったわらを丸くまとめた麦わらロールが見られることも

丘の頂上に木々が並んでいるので、余計な景色を入れることなく絵になる写真が撮れる。一帯は、黒澤明監督の映画『夢』のロケ地としても知られている

周辺のスポット

ドライブの休憩に軽食や特産品を

道の駅 メルヘンの丘めまんべつ
みちのえき メルヘンのおかめまんべつ

MAP P.83

加工品、お菓子など、特産品が並ぶアンテナショップや、地元の豚丼やしじみラーメンを楽しめるフードコートがある。ペット連れにうれしいドッグランも。
☎0152-75-6165 交JR女満別駅から車で7分 所大空町女満別昭和96-1 営9:00〜18:00（レストランは〜17:00）休無休 Pあり

国道39号沿いにある

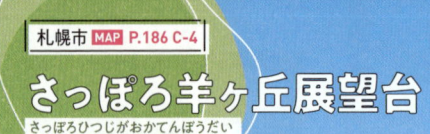

さっぽろ羊ヶ丘展望台
さっぽろひつじがおかてんぼうだい

羊が遊ぶ牧草地と札幌発展の軌跡を
北海道開拓の父が見守る丘

絶景ポイント

羊のいる牧草地と札幌の街並みが広がる、札幌の代表的な風景。大和ハウスプレミストドームの大屋根も見える

札幌市街地と牧草地の風景、多彩な見学施設も揃う札幌を代表する観光スポット。クラーク博士像が立つ園内では、季節の味覚や体験も楽しめ、一日中遊べる。

羊ヶ丘は札幌市の南東に位置する小高い丘で、眼下に札幌市街地や石狩平野の眺望が広がっている。一帯は明治39年（1906）に開拓され、国の農業試験場として牧場が造られた。戦後に景勝を眺めに見学者が多く訪れるようになったことから、展望台を昭和34年（1959）にオープンさせた。丘の上には北海道開拓のシンボルであるクラーク博士像が立ち、背後には羊の群れる牧草地と札幌の街並みを望む。さっぽろ雪まつり資料館やレストランなどの施設も併設。夏にはラベンダーの花が迎えてくれる。

頭数は多くはないが、ゴールデンウィークには毛刈りを見学できる。牧草地にいないときは羊小屋をのぞこう

「少年よ大志を抱け」の名言で有名なウィリアム・スミス・クラーク博士の銅像。台座にあるポストに、夢や希望などを記した「大志の誓い」を投函できる

クラーク像の台座は、天候・気象条件

ACCESS
アクセス

新千歳空港
↓ JR快速エアポートで37分
札幌駅
↓ 徒歩5分
さっぽろ駅
↓ 東豊線で14分
福住駅

福住駅から北海道中央バス・羊ヶ丘展望台行き、終点下車すぐ。

INFORMATION
問い合わせ先

さっぽろ羊ヶ丘展望台
☎ 011-851-3080

DATA
観光データ

所 札幌市豊平区羊ヶ丘1 開 9:00～17:00（季節により変動あり）休 無休 料 1000円 P あり（無料）

BEST TIME TO VISIT
訪れたい季節

羊が放牧されているのは5～11月頃。5～6月は若草色の牧草と羊の放牧風景、7月はラベンダーが見頃。10～11月は紅葉シーズンで、秋の味覚イベントも実施される。1～3月上旬は雪遊びイベントが開催されて、チューブすべりや歩くスキーなどを楽しめる。クラーク広場には四季折々の花が咲く。

7月には約1200㎡の畑に1000株ほどのラベンダーが咲いて鮮やか。無料のラベンダー摘み取り体験も実施される

輝く緑を追って

周辺のスポット

大和ハウス プレミストドーム
だいわハウス プレミストドーム

MAP P.85

スポーツや展示会などのイベントがないときは、ドームツアーに参加できるほか、展望台に行くこともできるのが魅力。

☎ 011-850-1000 交 地下鉄・福住駅から徒歩10分 所 札幌市豊平区羊ヶ丘1 開 展望台10:00～17:00、ドームツアー10:00～16:00 休 不定休 料 展望台570円、ドームツアー1800円 P あり

北海道最大のスタジアムを見学

全天候型のドームでは、イベントがない日や天候が悪い日も楽しめる

大和ハウス プレミストドーム

さっぽろ羊ヶ丘展望台

月寒中央駅
豊平区　福住駅
羊ヶ丘通
札幌大
36

中標津町 MAP P.189 E-2

開陽台
かいようだい

開拓時代の歴史を刻む大酪農地帯
丘の上には緑の台地が開ける

絶景ポイント

東京ドーム約100個分の広さを持つ丘の上の牧場。緑の牧草地帯は、眼下の根釧台地へと果てしなく続いている

丘の上にある中標津町のランドマーク。大酪農地帯を眼下に見晴らし、放牧場の牛を眺めてのんびりと堪能できる。展望館内の休憩スポットにも立ち寄りたい。

中標津町の標高約270mの高台にある展望スポット。根釧台地の緑の牧草地や丘陵が、地平線へと続く風景を一望できる。根釧台地は明治時代に農地が開拓され、区画を縦横に区切るように防風林（格子状防風林）が植えられた。展望館から、今も残る巨大な碁盤目状の防風林を眺めることができる。開陽台の西側には乳牛約1000頭を飼育する牧場が広がり、遊歩道を散策しながら牛を眺めてゆったり過ごせる。展望館のカフェでは、中標津牛乳を使った人気のはちみつソフトを味わえる。

展望館の2階は330度ビューの展望回廊。1階にカフェがあり、デザートや軽食を楽しみながら休息できる

ACCESS
アクセス

根室中標津空港

↓ 車で15分

開陽台

INFORMATION
問い合わせ先

中標津町経済振興課
☎ 0153-74-0464

DATA
観光データ

所 中標津町俣落2256-17 見 見学自由
（展望台1・2階は4月下旬～10月、10:00～17:00、10月は～16:00、屋上は通年開放）休 期間中の火曜（祝日の場合は翌平日）P あり

BEST TIME TO VISIT
訪れたい季節

牧場の牛の放牧期間は6月上旬～10月下旬頃。緑が鮮やかな6～8月頃がおすすめのシーズンだ。開陽台は光の屈折によって起こる四角い太陽（変形太陽）の観測スポットとしても知られ、晩秋から春先までが遭遇率の高い季節だ。5～11月には星空ウォッチングのイベントが開催されている。

輝く緑を追って

さえぎるもののない壮大な緑一色の風景。晴れた日には根室海峡や知床連山まで見晴らせる。展望館2階の展望回廊や屋上に望遠鏡が用意されている

周辺のスポット

ミルクロード

MAP P.87

中標津町道武佐北19号道路の別名で「牛乳を出荷するタンクローリーが走る一直線の道」が由来。なだらかなアップダウンがアクセントで、ドライブするのも楽しい。

☎ 0153-77-9733（一社 なかしべつ観光協会）交 根室中標津空港から車で20分 所 中標津町道武佐北19号道路 開休料 通行自由 P なし

この道の先の高台から総延長643kmの北海道遺産認定「格子状防風林」が望める

開陽台から
東側へと続く直線道

清里町
標津町
標津岳
俣落岳
武佐岳
ミルクロード
西七号北四線
基線
244
335
標津湿原
古道遺跡
中標津町
南四線西四号
開陽台
ミルクロード
975
標津川
272
北十四線二十号線
150
N
JR摩周駅
根室中標津空港
0　5km

標茶町 **MAP** P.189 D-3

多和平
たわだいら

360度の地平線をぐるりと望む ロマンティックな朝日や夕陽の名所

ほのぼのとした牧場風景と地平線まで見晴らす視界360度のパノラマ。天気の良い日には阿寒岳などの山々を望む

標茶町にある標高約220mの丘に、乳牛や羊が暮らす総面積約2100haの大牧場が広がる。丘の頂上に設けた展望台から、360度の地平線が見渡せると人気を呼んでいる。地平線の彼方には斜里岳や西別岳、阿寒の雄大な峰々。太平洋から昇る朝日や阿寒岳に沈む夕陽のロマンティックな情景も魅力だ。展望台近くにあるログハウス風のレストハウスで、標茶牛のハンバーグやバーベキューなどが味わえ、乳製品や羊毛製品などのオリジナル商品を購入できる。春から秋まで利用できるキャンプ場もある。

ACCESS
アクセス

たんちょう釧路空港
↓ リムジンバス釧路空港線 45分
釧路駅
↓ 釧網本線56分
標茶駅

標茶駅から車で30分

INFORMATION
問い合わせ先

標茶町バスターミナル観光案内所
℡ 015-486-7872

DATA
観光データ

所 標茶町標茶788番地5 間休 料 展望台見学自由 P あり

BEST TIME TO VISIT
訪れたい季節

牛の放牧期間は5〜10月。周辺の木々が色づく秋もきれい。日の出スポットとしても知られ、元日には初日の出を拝むイベントを開催。

ぐるりと全方向の眺望が広がる展望台があり、展望台の周辺は緑の芝生が広がるキャンプ場

きじひき高原 パノラマ展望台

きじひきこうげんパノラマてんぼうだい

なだらかな高原の展望台から 道南の名勝を一度に見渡す

輝く緑を追って

大沼・小沼、駒ヶ岳の優美な眺望。天気が良ければ羊蹄山や津軽海峡まで見晴らせる。強風などの天候でも安心な屋内展望施設も設けられている

北斗市郊外の高原にあり、函館市街からも車で気軽に行ける絶景スポット。大野平野や函館山、大沼、駒ヶ岳、噴火湾など、変化に富む眺望をパノラマ展望台から楽しむことができる。函館山と反対方向から望む「函館の裏夜景」を楽しめ、満天の星空も美しい。きじひき高原にはバーベキュー施設の整うキャンプ場や公園、カタクリの群生地も点在し、家族連れに人気の観光地となっている。パノラマ展望台から約2km離れたキャンプ場までの道にはメロディーロードがあり、北斗市ゆかりの曲が流れる。

ACCESS
アクセス

函館空港
↓ 函館方面シャトルバスで20分
函館駅
↓ 函館本線はこだてライナーで20分
新函館北斗駅
新函館北斗駅から車で20分

INFORMATION
問い合わせ先

北斗市観光協会☎0138-77-5011

DATA
観光データ

所北斗市村山174 開4月下旬～11月上旬の8:30～20:00(7・8月は～21:00) 休期間中無休※冬季閉鎖 料無料 P30台

BEST TIME TO VISIT
訪れたい季節

夜景は展望台の営業時間が延長される夏にゆっくり眺めたい。冬季閉鎖があるため、営業期間は事前に要確認。

函館山とはまた違った情景をみせる函館市街の夜景

どこまでも続く一本道

走ってみたい絶景ロード

田園地帯を貫く一直線ののどかな田舎道や日本海沿いに延々と続く爽快な海岸道路。
長い一本道をドライブして、雄大な絶景と北海道のスケールを満喫。

町民が選ぶ「かみふらの八景」の一つ。標識が小さいので見逃し注意

上富良野の牧歌的な風景

ジェットコースターの路
ジェットコースターのみち

国道237号線の途中にある西11線農面農道路の別称。アップダウンの連続する約2.5kmの直線道路が続き、田園地帯や丘陵、十勝連峰の壮大な風景が沿道に広がる。

上富良野町 MAP P.188 A-2

☎0167-45-3150(かみふらの十勝岳観光協会) ☒JR上富良野駅から車で10分 ㊟上富良野町西11線 休料 通行自由 ㋹なし

北海道の「感動の瞬間100選」

天に続く道
てんにつづくみち

国道244号から334号の全長28.1kmにおよぶ道路。果てしなく続く直線道路は、まるで天まで続くかのようだ。近年はスタート地点が設置され、駐車場も設けられている。

斜里町 MAP P.189 E-2

☎0152-22-2125(知床斜里町観光協会) ☒JR知床斜里駅から車で15分 ㊟斜里町峰浜 休料見学自由 ㋹あり(冬季は閉鎖)

春分と秋分の日には道の先に夕日が沈む絶景も

秀峰・利尻富士と海の絶景が続く。沿道には鮮魚が魅力のグルメスポットも豊富

見どころ豊富な海岸道路

オロロンライン

小樽と稚内を結ぶ全長約380kmの道路で、国道231・232号、道道106号の総称。日本海に沈む夕陽や利尻富士を望み、岬や湿原、滝などの絶景スポットが点在する。

小樽市〜稚内市 MAP P.186 A-1

☎0162-24-1216(稚内観光協会) ☒JR稚内駅から車で約40分 休料通行自由 ㋹なし

心躍る冬の旅

氷点下の世界で見られる
美しい樹氷や雪の結晶が
白銀に染まる大地に華を添える。
冬、北国に訪れる幻想の時を求めて。

阿寒湖フロストフラワー

あかんこフロストフラワー

ガラスアートを思わせる繊細さ
厳寒期の湖上に花開く「氷の華」

絶景ポイント

息を吹きかければ壊れてしまうほど繊細な氷の花。出会える機会の少ない貴重な絶景だ。間近でじっくりと眺めたい

日の出に輝くフロストフラワー。早朝が最も出会える確率の高い時間帯だ。冠雪した雄阿寒岳や樹氷、ダイヤモンドダストの幻想的な風景も楽しめる

> 12〜3月に一定の気象条件が揃ったときだけ阿寒湖で見られる自然による氷の芸術。出現するチャンスはあまり多くないが、それだけに出会えたときの感動はひとしおだ。

冬の阿寒湖に咲く白い花の正体がフロストフラワー。「霜の花」を意味し、湖上の水蒸気が凍ってできた氷の結晶だ。複雑な形状の結晶が幾重にも重なって、繊細な花へと成長する姿が美しい。フロストフラワーが生まれるには、①気温が－15℃以下、②湖面に薄氷が張って積雪がない、③無風、の3条件が必要。湖底から温泉が湧く阿寒湖は、真冬でも薄氷の箇所があるため発生しやすい。それでも出会える確率は30％ほどだ。氷が薄く危険な箇所が多いので、現地のガイドツアーに参加して見学したい。

幻想的な朝日とフロストフラワーのコラボをカメラに収めたい

結晶のひとつひとつが羽のように繊細な形状。1枚だけの結晶もあり、「フロストウイング」と呼ばれている

阿寒湖の東にそびえる山は雄阿寒岳。標高1370mで登山者にも人気があり、山頂までは約3時間半かかる

ACCESS
アクセス

たんちょう釧路空港

↓ 阿寒エアポートライナーバスで1時間15分

阿寒湖バスセンター

阿寒湖バスセンターから徒歩10分

INFORMATION
問い合わせ先

阿寒ネイチャーセンター
☎0154-67-2801

DATA
観光データ

所 釧路市阿寒町阿寒湖温泉5-3-3
開 休 料 一日一組限定（予約制）のツアー「プライベートで行く早朝の阿寒湖氷上と雪上散歩」は要問合せ

BEST TIME TO VISIT
訪れたい季節

阿寒湖でフロストフラワーが出現するのは12〜3月頃。夜間に－15℃を下回った翌日の早朝に積雪がなく、無風の日に出会える確率が高くなる。湖底に温泉が湧く湯つぼの周辺は氷が薄く雪も解けるため、降雪の多い厳寒期でも見られる機会がある。氷点下の寒さに備えて厳重な防寒対策を。

☆ 阿寒湖フロストフラワー

阿寒湖

阿寒湖畔ビジターセンター 1

阿寒湖の森ナイトウォーク

5 阿寒湖アイヌシアターイコロ

2 両国総本店

4 阿寒湖アイヌコタン

阿寒湖まりむ館

阿寒湖局

JR摩周駅

足寄IC

釧路市

3 かと里民芸店

240 まりも国道

阿寒湖バスセンター

TRAVEL PLAN

フロストフラワーを見るには、できれば連泊してチャンスを狙いたい。マリモなどの阿寒湖の自然やアイヌ文化を学べるスポットを訪ねて時間を過ごそう。

COURSE

5:50	阿寒湖バスセンター
↓ 徒歩10分	
6:00	阿寒湖フロストフラワー
↓ 徒歩16分	
9:00	阿寒湖畔ビジターセンター
↓ 徒歩4分	
10:05	かと里民芸店
↓ 徒歩13分	
11:00	阿寒湖アイヌコタン
↓ 徒歩すぐ	
15:00	阿寒湖アイヌシアター イコロ
↓ 徒歩20分	
16:00	阿寒湖バスセンター

阿寒湖フロストフラワー
あかんこフロストフラワー

幻想的な景色は12〜3月頃に見られる

LUNCH

阿寒湖で極上の味を堪能
両国総本店
りょうごくそうほんてん
MAP P.94- 2

上質な鹿肉料理を堪能できる店。写真はレアで仕上げた鹿丼1650円

☎0154-67-2773 ⊗阿寒湖バスセンターから徒歩3分 ⊕釧路市阿寒町阿寒湖温泉2-1-3 ⊗11:30〜20:00(LO19:30) ⊛月曜、ほか不定休 Ⓟあり

阿寒湖アイヌコタン
あかんこアイヌコタン

MAP P.94- 4

北海道の先住民族であるアイヌの人々が暮らす集落で、木彫りなどの民芸品店やアイヌ料理を味わえる飲食店など数十店が並ぶ。

☎0154-67-2727(阿寒アイヌ工芸協同組合) ⊗阿寒湖バスセンターから徒歩20分 ⊕釧路市阿寒町阿寒湖温泉4-7-84 ⊗9:00〜22:00(施設・店舗により異なる) ⊛不定休 Ⓟあり

多くの店が並びアイヌの食文化にふれられる

アイヌの伝統や文化が身近に感じられる集落

阿寒湖アイヌシアター イコロ
あかんこアイヌシアター イコロ

MAP P.94- 5

アイヌ文化を発信する専用施設。ユネスコの無形文化遺産に登録された古式舞踊や、幻想的なロストカムイ公演などを約300人を収容できる劇場で鑑賞することができる。

☎0154-67-2727(阿寒アイヌ工芸協同組合) ⊗阿寒湖バスセンターから徒歩20分 ⊕釧路市阿寒町阿寒湖温泉4-7-84 ⊛公演により異なる、要問い合わせ Ⓟあり

神々への祈りを題材にした舞台でアイヌの宗教観を体感

古式舞踊を専用シアターで

阿寒湖畔ビジターセンター
あかんこはんビジターセンター

MAP P.94- 1

展示室の床には阿寒湖周辺の航空写真が敷き詰められ、阿寒湖周辺に生息する動物の標本やパネル、マリモや魚類の水槽展示もある。

☎0154-67-4100 ⊗阿寒湖バスセンターから徒歩6分 ⊕釧路市阿寒町阿寒湖温泉1-1-1 ⊗9:00〜17:00 ⊛火曜(祝日の場合は翌日) ⊛無料 Ⓟなし

展示やパネルで楽しく学べる
阿寒湖周辺の自然散策の拠点

ポッケ遊歩道など散策路の起点となる施設

かと里民芸店
かとりみんげいてん

MAP P.94- 3

マリモグッズから本物のマリモまで取り扱う店。人気のまりも茶んや、養殖まりものほか、まりもちゃんTシャツ2200円、ほわほわまりもキーホルダー1320円などもある。

☎0154-67-3239 ⊗阿寒湖バスセンターから徒歩4分 ⊕釧路市阿寒町阿寒湖温泉1-5-15 ⊗9:00〜18:00(冬季要確認) ⊛不定休 Ⓟなし

マリモ商品のほかオリジナル木彫り商品なども

マリモみやげを買うならここ

養殖まりもは4玉入り1100円

まりも茶んは432円。お湯を入れるととろろ昆布がマリモのように丸くなる

心躍る冬の旅

流氷観光砕氷船おーろら

りゅうひょうかんこうさいひょうせんおーろら

シベリアから訪れる冬の使者
流氷の海を進む豪快な船旅

絶景ポイント

流氷に覆われた海の氷をガリガリと砕いて航行する砕氷船。ほかにはないダイナミックな船旅と壮大な大氷原を楽しむ

砕氷おーろらで約1時間のクルーズを満喫。
船は全長45mで、最大定員は400名。船
の重みで流氷を砕きながら航行する仕組み
は、南極観測船「しらせ」と同じ

> オホーツク海は、流氷ができる北半球の南限の海。日本で唯一、流氷が訪れるオホーツク沿岸の海を砕氷船に乗って見物する。氷を砕きながら進む船と大氷原の迫力を満喫。

冬にシベリアの強い寒気がオホーツク海へ吹き込むと、アムール川河口の海水が凍結して流氷が生まれる。流氷は徐々に大きく成長し、季節風や海流に乗ってオホーツク海で南下を始める。1月下旬頃に網走付近に流氷が到達し、沿岸一帯は真っ白な流氷に埋め尽くされる。流氷観光砕氷船おーろらに乗って、流氷が覆う北の海を間近で眺めたい。音を立てて流氷を砕いて進む船旅は迫力満点だ。流氷の上で過ごすアザラシやオオワシに出会えることも。流氷が見られる1月下旬～3月下旬頃に運航する。

2階の特別客室では、船の砕氷の様子を間近で見られる。特別客室は当日先着50席限定で、別途500円が必要

ACCESS
▶アクセス

たんちょう釧路空港
↓阿寒エアポートライナーで
1時間15分
網走駅

網走駅から車で5分

INFORMATION
▶問い合わせ先

流氷観光砕氷船 おーろら
☏0152-43-6000

DATA
▶観光データ

所 網走市南3東4-5-1道の駅流氷街道網走 開 1月20日～3月31日、1日4～6便、所要60分、要予約 休 4月1日～1月19日 料 2025年は沖合航路1・3月4500円、2月5000円(流氷がない場合は能取岬遊覧3000円)※2026年以降は未定 P あり

BEST TIME TO VISIT
▶訪れたい季節

流氷が見られる確率が高いのは例年2月中旬～3月上旬頃だが、年々到達が遅くなる傾向にある。事前に情報収集をしておこう。流氷は絶えず動いているため、ルート上で流氷帯にたどり着けない場合もあり、その場合は海上遊覧となる。屋外デッキもあるのでしっかり防寒しよう。

1 オホーツク流氷館
2 北海道立北方民族博物館
3 博物館 網走監獄
4 北浜駅展望台

☆流氷観光砕氷船おーろら

TRAVEL PLAN

砕氷船から間近で流氷を見物し、流氷の訪れるオホーツク海や知床連山を見晴らす展望スポットへ。網走監獄など、網走ならではの観光名所も必見だ。

COURSE

8:50	網走駅
	車で5分
9:00	流氷観光砕氷船 おーろら
	車で10分
10:10	オホーツク流氷館
	車で2分
11:15	北海道立北方民族博物館
	車で6分
12:30	博物館 網走監獄
	車で20分
15:00	北浜駅展望台
	車で20分
16:30	網走駅

流氷観光砕氷船 おーろら
りゅうひょうかんこうさいひょうせん おーろら

迫力満点の流氷クルーズ

北海道立北方民族博物館
ほっかいどうりつほっぽうみんぞくはくぶつかん

MAP P.98- 2

アイヌ文化をはじめ、グリーンランドやスカンジナビアなど、北方民族の文化を豊富な展示や映像で紹介する世界でも珍しい民族博物館。

℡0152-45-3888 交JR網走駅から観光施設めぐりバスで14分、北方民族博物館下車すぐ 所網走市潮見309-1 開9:30〜16:30 7〜9月9:00〜17:00 休月曜（祝日の場合は翌平日、7〜9月・2月は無休）料550円 Pあり

北方地域の円錐形のテントをイメージしたエントランス

北方に暮らす人々の文化を紹介

北海道アイヌの衣装などを展示

北浜駅展望台
きたはまえきてんぼうだい

MAP P.98- 4

オホーツク海に最も近い駅で、冬は展望台から接岸する流氷を間近に観察できる。流氷を見るには絶好の展望台。

℡なし 交JR網走駅から車で20分 所網走市北浜 JR北浜駅舎横 開休料見学自由 Pあり

高さ5mほどから絶景を望む

流氷を望む絶景スポットへ

オホーツク流氷館
オホーツクりゅうひょうかん

MAP P.98- 1

本物の流氷にさわったり、400インチの5面シアターや360度カメラで撮影された「流氷海中ライブ」が人気だ。クリオネやフウセンウオなどの生き物も展示。

℡0152-43-5951 交網走駅から観光施設めぐりバスで12分、オホーツク流氷館下車すぐ 所網走市天都山244-3 開8:30〜18:00 11〜4月9:00〜16:30（入館は各30分前）休無休 料990円 Pあり

天都山の山頂にあり、展望台を併設している

オホーツクの絶景と流氷の神秘を体感できる施設

博物館 網走監獄
はくぶつかん あばしりかんごく

MAP P.98- 3

網走刑務所が「網走監獄」と呼ばれていた明治〜大正期に建造された建築物を移築・保存している博物館。敷地面積は東京ドーム約3.5個分。移築した8棟が重要文化財に指定、6棟が登録有形文化財に登録されている。

℡0152-45-2411 交JR網走駅から観光施設めぐりバスで7分、博物館 網走監獄下車すぐ 所網走市呼人1-1 開9:00〜17:00（入館は〜16:00）休12月31日、1月1日 Pあり

最果ての監獄として知られた

北海道開拓使を学ぶ野外歴史博物館

館内の食堂では現在の網走刑務所の食事を再現した監獄食も味わえる

大津海岸のジュエリーアイス
おおつかいがんのジュエリーアイス

クリスタルのようなきらめき
浜辺に打ち上げられる海の宝石

絶景ポイント

朝焼けに染まるジュエリーアイスは、時間限定の美しさ。日の出前に早めに訪れ、お気に入りの氷塊を探しておこう

早朝は−10℃を下回り、ときには−20℃を
下回る日もある。冬季は海岸近くに休憩施
設の「ジュエリーハウス」が7〜15時頃に
オープンするので暖を取れる

101

浜辺に打ち上げられた氷塊が、日に照らされて宝石の輝きを見せる。厳寒の海の自然の奇跡を目撃しよう。休憩施設のジュエリーハウスにはトイレがあり、みやげ物も購入できる。

豊頃町の大津海岸に、冬になると現れる無数の氷塊。十勝川の氷が砕かれて太平洋へ注がれ、海岸に打ち上げられたものだ。ゆっくりと凍結した氷は透明度が高く、波にもまれて丸みを帯びる。氷が陽光を浴びると宝石のように輝くことから、ジュエリーアイスと呼ばれる。「氷の宝石」は冬にいつも見られるとは限らず、潮位や風向などにより現れないことも。朝日や夕日を浴びてオレンジに輝くと、なお幻想的だ。運が良ければ、早朝に海面から霧が立ち上がる気嵐も楽しめる。

ACCESS
▶アクセス

とかち帯広空港

↓ とかち帯広空港連絡バスで40分

帯広駅バスターミナル

帯広駅バスターミナルから車で1時間

INFORMATION
▶問い合わせ先
豊頃町観光協会
📞015-574-2216

DATA
▶観光データ
所 豊頃町大津海岸 開 休 料 見学自由(1月上旬～3月上旬は休憩所あり※トイレは24時間利用可能)P あり

BEST TIME TO VISIT
▶訪れたい季節
例年1月中旬～3月上旬頃に見られ、なかでも1月中旬～2月下旬頃が確率の高い時期といわれている。気温の低い早朝が最も見つけやすいといわれているが、−20℃を下回る朝もあることを覚悟しよう。見られる場所は絶えず変わるので、砂浜の海岸を探しまわりやすい靴で訪れたい。

氷の透明度を高めたり、砂を落としたりするため、お湯や水を持参する人も。もちろん、万全の防寒対策は必須だ

ジュエリーアイスが現れる地点や量はその日次第。豊頃町観光協会の公式サイトなどで出現情報を確認できる

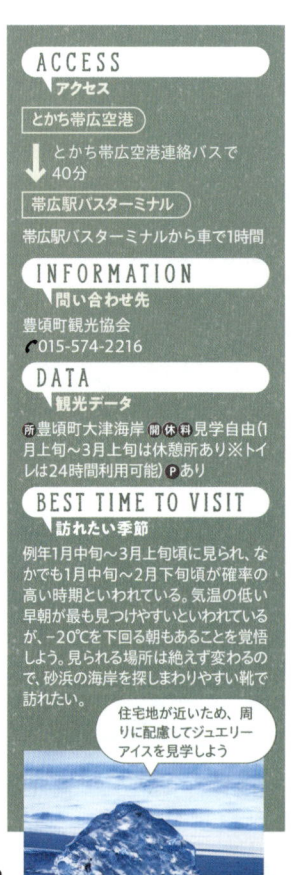
住宅地が近いため、周りに配慮してジュエリーアイスを見学しよう

音更町
池田町
道東自動車道
4 柳月スイートピア・ガーデン
3 道の駅 ガーデンスパ十勝川温泉
2 いけだワイン城
ぶた丼のとん田 P.77
愛国駅 P.77
はるにれの木 1
幸福駅 P.77
豊頃町
帯広市

大津海岸のジュエリーアイス ☆

T R A V E L P L A N

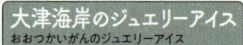

大津海岸の奇跡の絶景、ジュエリーアイスを見学。十勝川流域に点在する観光スポットで、ワインや銘菓、温泉スパなど十勝平野の恵みを存分に楽しもう。

大津海岸のジュエリーアイス
おおつかいがんのジュエリーアイス

まずはジュエリーアイスを見学

はるにれの木
はるにれのき

MAP P.102- 1

2本の木が生長過程で一体化し、左右いっぱいに大きく枝を伸ばす。推定樹齢は約150年、豊頃町の観光シンボルとして親しまれている。

☎015-574-2216(豊頃町観光協会) 交JR豊頃駅から車で5分 所豊頃町幌岡 開休料見学自由 Pあり(近隣の休憩所駐車場利用)

COURSE

5:00	帯広駅	
	車で1時間	
6:00	大津海岸のジュエリーアイス	
	車で30分	
8:30	はるにれの木	
	車で20分	
9:30	いけだワイン城	
	車で20分	
12:00	道の駅 ガーデンスパ 十勝川温泉	
	車で20分	
13:30	柳月スイートピア・ガーデン	
	車で15分	
16:00	帯広駅	

横に大きく枝を広げた巨樹

高さは約18m、枝の幅は23mにも及ぶ

道の駅 ガーデンスパ十勝川温泉
みちのえき ガーデンスパとかちがわおんせん

MAP P.102- 3

ファミリーやカップルでも楽しめる水着で入るモール温泉のスパが人気。モール温泉水を使った化粧品の販売のほか、十勝の食材を使ったメニューを堪能できるレストランやカフェもある。

☎0155-46-2447 交JR帯広駅から車で30分 所音更町十勝川温泉北14-1 営9:00～19:00(5～10月の金～日曜、祝日は～21:00) 休第2火曜(8月は第4火曜、11～4月は毎週火曜) 料スパ入場1500円 Pあり

開放感のあるスパを道の駅で楽しむ

モール温泉の足湯も無料

いけだワイン城
いけだわいんじょう

MAP P.102- 2

南側の斜面には、「清舞」「山幸」など、池田町だけのブドウ品種が植えられ、ワイン城へとつながる通路には8000ℓの大樽が並ぶ。館内にはショップ、カフェも併設。

☎015-578-7850 交JR帯広駅から車で30分 所池田町清見83 営9:00～17:00(レストラン10:30～※変更の場合あり) 休レストランは火曜 料見学無料 Pあり

中世の古城を思わせる建物

味わい豊かな十勝ワインを生み出す

柳月スイートピア・ガーデン
りゅうげつスイートピア・ガーデン

MAP P.102- 4

銘菓「三方六」で知られる十勝・音更町の菓子店。併設の工場で製造工程を見学できるほか、クッキーやケーキなどのお菓子作り体験も楽しめる。ガーデンカフェで休憩も。

☎0155-32-3366 交JR帯広駅から車で15分 所音更町なつぞら1-1 営夏期9～16時(ショップは～18時、カフェは～17時、冬期ショップは～17時、カフェは～16時30分) 休無休 Pあり

十勝・音更町の銘菓の秘密を知る
ファクトリー見学

道の駅 おとふけに隣接する

心躍る冬の旅

しかりべつ湖コタン
しかりべつこコタン

湖上が白銀の世界に包まれる
冬にだけ現われる「幻の村」へ

絶景ポイント

湖上に浮かぶ氷の村。立ち並ぶ露天風呂やホテル、バーはすべて氷と雪の建物だ。白一色の異空間世界を体験しよう

天然氷の内装が美しいアイスバー。コーヒーやカクテルを味わえ、自作の氷のグラスでドリンクを楽しめる

周辺のスポット

然別湖畔温泉ホテル風水
しかりべつこはんおんせんほてるふうすい

MAP P.105

全室レイクビューが自慢の宿。源泉100％の天然温泉を湖を望む展望大浴場で楽しめるのもうれしい。

☎0156-67-2211 🚌バス停然別湖畔温泉からすぐ 📍鹿追町然別湖畔 休無休 🅿あり in15:00 out10:00 🛏35室
予約1泊2食付1万4300円～※入湯税別途

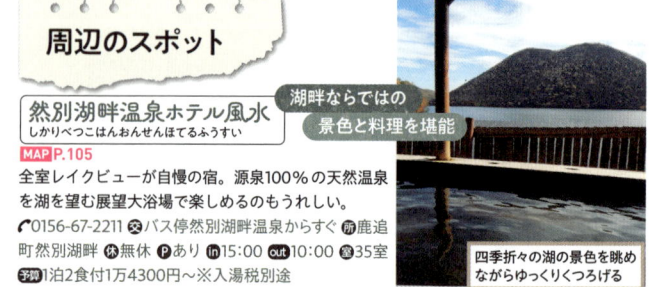

湖畔ならではの景色と料理を堪能

四季折々の湖の景色を眺めながらゆっくりくつろげる

冬の湖上に出現する氷の村で、しばれる北海道の冬を満喫。氷上露天風呂や宿泊、雪上散策などの体験もできる。

北海道のほぼ中央、大雪山国立公園にある標高約810mの然別湖は、道内で最も高い場所にある湖だ。コタンとはアイヌ語で「村」という意味。湖面が厚い氷に覆われる真冬の2カ月間、然別湖に氷の村が現れる。湖上に点在するのは湖の氷と雪で作られた建物のイグルー。テーブルやグラスも氷のアイスバーや氷上露天風呂のほか、予約すればアイスロッジでの宿泊体験もできる。自然豊かな白銀の湖上風景と氷の世界で、非日常感に浸りたい。スノーモービルなどの雪上アクティビティも楽しめる。

大雪山国立公園南端の山奥にある然別湖が氷の村の舞台。氷の施設を見学・体験して体が冷えたら、隣接する然別湖畔温泉ホテル風水の温泉がおすすめ

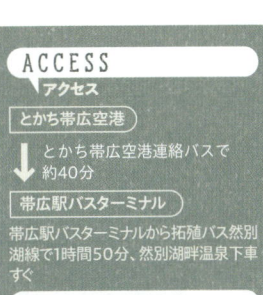

心躍る冬の旅

ACCESS
アクセス

とかち帯広空港
↓ とかち帯広空港連絡バスで約40分

帯広駅バスターミナル
帯広駅バスターミナルから拓殖バス然別湖線で1時間50分、然別湖畔温泉下車すぐ

INFORMATION
問い合わせ先
しかりべつ湖コタン実行委員会
☎ 0156-69-8181

DATA
観光データ
所 鹿追町北瓜幕無番地 開 1月末〜3月中旬※開催時間は要確認 休 期間中無休 料 協賛金500円※そのほか各イベントにより別途料金あり P あり

BEST TIME TO VISIT
訪れたい季節
施設の利用期間は1月下旬〜3月下旬。天候により期間の変更もあるので訪問前に確認を。氷の宿泊施設「アイスロッジ」の営業は1月下旬〜2月末頃の予定。寒さに耐えられないときは隣接するホテル風水に宿泊できる。露天風呂は日中は混浴（水着着用可）、夜は男女で時間を区切って利用。

鹿追町

然別湖畔温泉ホテル風水

85

然別湖ネイチャーセンター

☆ しかりべつ湖コタン

然別湖

N
0 100m

🚌 帯広駅バスターミナル

摩周湖カムイテラス
ましゅうこカムイテラス

純白の化粧を施した木々と
摩周ブルーの色鮮やかな競演

絶景ポイント

湖畔に樹氷が現れる冬は、摩周湖の深い青が最もクリアに見える季節。部分的に結氷した湖面の白と青も鮮やかだ

大判のガラスを配した摩周湖ラウンジの眺望も抜群。ドリンクやスイーツ、ランチを味わいながらくつろげる

摩周湖

摩周湖カムイテラス

美留和駅

弟子屈町

釧網本線

美羅尾山

道の駅 摩周温泉

摩周駅

標茶町

N

0　3km

深い青色の水をたたえる摩周湖の冬の景色を満喫。屋内ラウンジでは、摩周霧ソフトが味わえ、みやげ物も揃う。

世界有数の透明度を誇る摩周湖は、摩周ブルーと呼ばれる深い青色の水をたたえる優美な湖だ。湖を囲む外輪山に設けられた第一展望台に、摩周湖カムイテラスがある。3段デッキ構造のテラスを屋上に配し、眼下に摩周湖を見晴らす。冬には湖水がいっそう青みを増し、湖面の結氷や樹氷の純白が摩周ブルーを引き立てる。360度ビューのテラスは、太平洋まで続く釧路平野や摩周岳などの山並みも一望できる。屋内施設の摩周湖ラウンジでは、飲食を楽しみ、暖を取りながらくつろいで景色を満喫できる。

屋上テラスから望む冬の摩周湖。湖の中央には小島のカムイシュ島が浮かび、絵になる風景を見せる

ACCESS
アクセス

女満別空港
↓ 知床エアポートライナーで40分
斜里バスターミナル
↓ 徒歩すぐ
知床斜里駅
↓ 釧網本線で1時間6分
摩周駅

摩周駅からすぐのバス停摩周駅前から阿寒バス摩周線で25分、バス停摩周湖第1展望台下車すぐ

INFORMATION
問い合わせ先
摩周湖カムイテラス☎015-482-1530

DATA
観光データ
所弟子屈町摩周湖第一展望台 開8:30〜17:00 休不定休 無料 Pあり(5〜10月末500円)

BEST TIME TO VISIT
訪れたい季節
1月下旬〜2月頃が、外輪山の木々の樹氷と湖の結氷が発生しやすい季節。ただし、見られるのは気象条件が揃ったときのみ。樹氷は気温の低い早朝がねらい目だ。

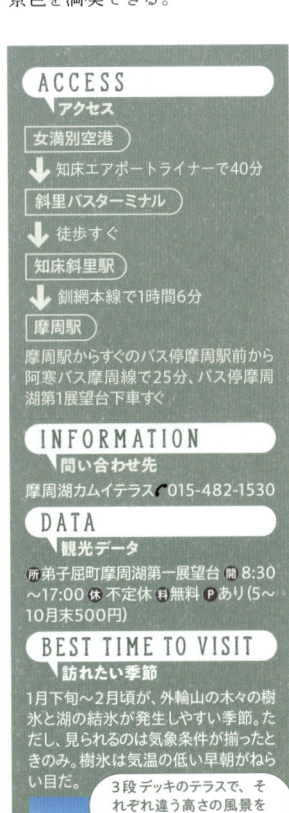

3段デッキのテラスで、それぞれ違う高さの風景を楽しめる

周辺のスポット

旅の起点にも疲れを癒やす休憩スポットにも最適

道の駅 摩周温泉
みちのえき ましゅうおんせん

道東の観光地につながる分岐点

MAP P.106

阿寒湖と摩周湖とを結ぶ国道241号と、243号、391号のほぼ合流地点にある道の駅。交流ゾーンと物販ゾーン、足湯にドッグランも備えている。

☎015-482-2500 交JR摩周駅から車で5分 所弟子屈町湯の島3-5-5 営9:00〜18:00(11〜4月は〜17:00) 休無休 Pあり

糠平湖のアイスバブル
ぬかびらこのアイスバブル

ストップモーションのような風景
真っ白に凍った氷の泡の連続

絶景ポイント

糠平湖は北海道内でも広範囲にアイスバブルが発生しやすい湖。まるで時を封じ込めたかのような情景が広がる

湖面に連なる氷の泡、アイスバブルは雪の少ない年に見ることのできるレアな絶景。見学時は滑りにくい靴を着用しよう。湖上カフェでコーヒーやランチも楽しめる。

　上士幌町（かみしほろちょう）の音更川（おとふけがわ）中流域にあるダム湖の糠平湖は、周囲を原生林に囲まれて四季折々に美しい。湖上が結氷する冬の楽しみが、ワカサギ釣りとアイスバブルだ。アイスバブルとは、湖底から発生するガスなどの気泡が、湖面に届く前に水中で凍る現象のこと。小さな円盤状の気泡が、縦に連なる美しい氷の芸術を湖上から眺められる。湖上が積雪すると隠れてしまうので、見物できるかどうかは、湖面の結氷具合と降雪次第。危険防止のため、結氷の状況に合わせて湖上の立ち入り解禁日が定められている。

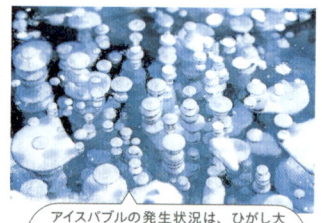

アイスバブルの発生状況は、ひがし大雪自然ガイドセンターの公式サイトで確認可能。見学ツアー情報も得られる

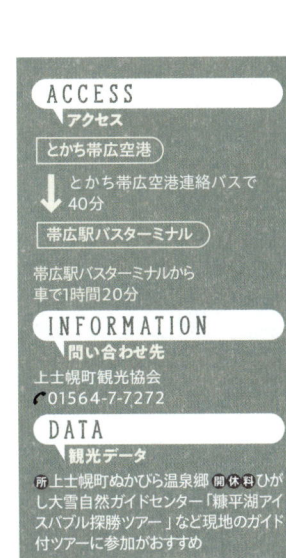

ACCESS
アクセス

> とかち帯広空港

↓ とかち帯広空港連絡バスで 40分

> 帯広駅バスターミナル

帯広駅バスターミナルから車で1時間20分

INFORMATION
問い合わせ先
上士幌町観光協会
☎ 01564-7-7272

DATA
観光データ
所 上士幌町ぬかびら温泉郷 開休料 ひがし大雪自然ガイドセンター「糠平湖アイスバブル探勝ツアー」など現地のガイド付ツアーに参加がおすすめ

BEST TIME TO VISIT
訪れたい季節
1月上旬～2月下旬頃がアイスバブルの発生しやすい時期。湖上の立ち入り解禁日や降雪量を確認して出かけよう。湖面が降雪すると、氷の薄い箇所や穴のあいた場所が隠れてしまうのでとくに注意が必要だ。同じ時期に、氷上ワカサギ釣りや幻の橋「タウシュベツ橋梁」の見学も楽しめる。

糠平は「人の形をした岩」を意味するアイヌ語に由来。冬に氷結した湖面ではワカサギ釣りも楽しめる

真っ青な湖水と白い泡との対比が美しい。氷が解けてガス穴が開いている箇所もあるので注意して歩こう。1月上旬頃からアイスバブル・カフェが湖上で営業

心躍る冬の旅

周辺のスポット

ひがし大雪自然館
ひがしたいせつしぜんかん

MAP P.109

東大雪地域の歴史や自然に関する展示のほか、動植物や昆虫の標本も展示。地域の観光情報も発信している。

☎ 01564-4-2323 交 JR帯広駅から車で約1時間10分 所 上士幌町ぬかびら源泉郷48-2 営 9:00～17:00 休 水曜 P あり

東大雪地域の自然を学ぶ

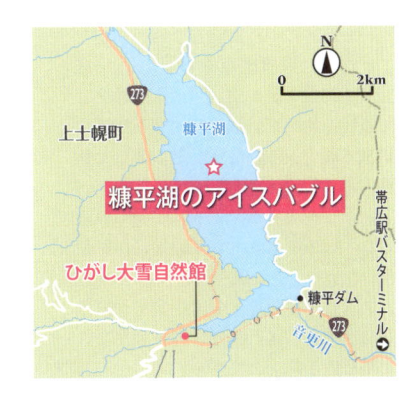

上士幌町
糠平湖
☆
糠平湖のアイスバブル
ひがし大雪自然館
糠平ダム
音更川
帯広駅バスターミナル→
0　2km
N

釧路市〜標茶町 **MAP** P.189 D-3

SL冬の湿原号
エスエルふゆのしつげんごう

タンチョウが舞う冬の雪原
凍てつく釧路湿原をSLが快走

凍りつく釧路川を渡るSL冬の
湿原号。黒煙を上げて、釧路湿
原の大自然を走る。5両編成の
車両内部は近年リニューアルさ
れ、レトロでより快適になった

　道内唯一のSL観光列車が、白銀に包まれる冬の釧路湿原を駆け抜ける。昭和15年（1940）に製造され、引退していたC11形機関車を復元し、平成12年（2000）よりSL冬の湿原号として運行を始めた。釧路駅〜標茶駅間の釧網本線を5両編成で疾走。凍った釧路湿原や阿寒の山並みが車窓に広がり、エゾシカやタンチョウが見られることも。車内はレトロな趣で、川側に向いたカウンター席やダルマストーブ、カフェカーも配置。全席指定で週末や祝日を中心に運行する。人気列車なので早めの予約がおすすめ。

ACCESS
▶アクセス

たんちょう釧路空港
↓ リムジンバス釧路空港線
45分
釧路駅
釧路駅で乗り場へ

INFORMATION
▶問い合わせ先
JR北海道電話案内センター（6:30〜22:00）
☎ 011-222-7111

DATA
▶観光データ
所 JR釧路駅〜標茶駅 開 1〜3月頃に1日1往復 休 公式サイトにて要確認 料 片道3060円※事前に指定券・乗車券の購入が必要 P あり

ストーブカーの車両に設置されたダルマストーブで、車内販売のスルメを焼いて味わう、という楽しみも

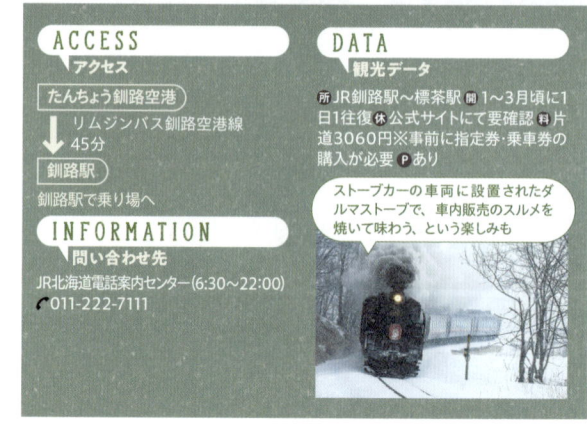

クリスマスツリーの木
クリスマスツリーのき

雪原にたたずむ一本の木に
ホワイトクリスマスの訪れを祝う

心躍る冬の旅

クリスマスをめがけて訪れる人も多い。大変混雑するため、木の前の道路は車両の駐停車は禁止

美瑛町には「○○の木」と名付けられた個性的で絵になる木がいくつもあるが、冬に訪れたくなるのがクリスマスツリーの木。円錐形の立ち姿がクリスマスツリーそのもので、樹上に星が付いているようにも見える、というのが名前の由来だ。この木は常緑針葉樹のトウヒで、ヨーロッパなどで実際にクリスマスツリーに使われている。朝夕の薄暗がりに浮かび上がるシルエットや夜の星空を背景にした姿も、幻想的で特別なシーン。木の立つ一帯は農地なので絶対に入らず、車道から見学する。

ACCESS
アクセス

旭川空港
↓ ふらのバスラベンダー号で15分
美瑛駅

美瑛駅から車で15分

INFORMATION
問い合わせ先

美瑛町観光協会 ☎0166-92-4378

DATA
観光データ

所 美瑛町美馬牛 開休料 見学自由 P なし

BEST TIME TO VISIT
訪れたい季節

クリスマスツリーの名にぴったりの木が白銀の丘にたたずんでロマンティック。クリスマスシーズンに多くの人が訪れ、特に冬季の日中は混雑する。美瑛に宿泊し、朝や夕方など混雑を避けた時間帯がおすすめ。グリーンシーズンは畑の農作物が育って、冬とは違った鮮やかな風景に。

多くの観光客が訪れる人気スポット。観光協会のサイトなど事前に確認してマナーを守って

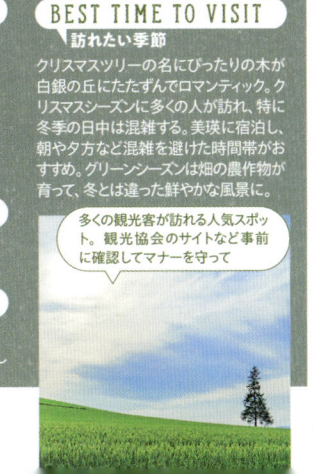

別海町 **MAP** P.189 E-2

白鳥台の四角い太陽

はくちょうだいのしかくいたいよう

野付湾に現れる奇跡の瞬間
奇妙な太陽が内海を照らす

四角い太陽を見られる機会はごくわずか。希少な光景だけに出会えれば感動もひとしおだ。海の景勝も楽しみたい

　白鳥台は別海町にある春別川河口の高台で、12〜3月には数百羽の白鳥が河口に飛来する。野付湾と野付半島を望む景勝地でもあり、厳寒期に四角い太陽が昇ることでも知られる。四角い太陽は冬の朝に見られる蜃気楼の一種で、海水温と気温の温度差で光が屈折して起こる現象だ。冬に晴天率の高い道東は、比較的観察しやすいエリアだが、稀にしか出会えない絶景を求めて、観光客やカメラマンが訪れる。白鳥台には、国後島の展望スポットの「道の駅おだいとう・北方展望塔」もある。

ACCESS
アクセス

中標津空港

↓ 標津町を経由して車で50分

白鳥台

INFORMATION
問い合わせ先

別海町商工観光課 ☎ 0153-74-9254

DATA
観光データ

所 別海町尾岱沼 開休料 展望台見学自由 P あり

BEST TIME TO VISIT
訪れたい季節

冬の海水と気温の温度差が大きく、晴れた日のわずかな日数しか出会えない風景。チャンスを逃さないよう、日の出の時刻をしっかり確認して訪れたい。

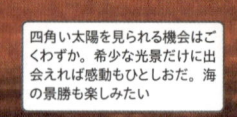

国道244号線（知床ノサップライン）沿いにある

流氷物語号
りゅうひょうものがたりごう

車窓に広がるオホーツク海の冬
国内で唯一の流氷観光列車

© ARMOR PROJECT © KADOKAWA

心躍る冬の旅

約40年前に製造されたキハ40形ディーゼル車をラッピング。ロングシートやボックス席の自由席が並び、海側のボックス席など一部は指定席になっている

流氷が接岸するオホーツク海沿岸を走る冬季限定の観光列車。流氷が到達する時期に、釧網本線の網走駅〜知床斜里駅間を1日2往復運行する。青い水平線を純白に染める流氷の海を列車の窓から眺められるのは、国内で流氷物語号だけ。多くの座席が自由席という手頃さも魅力だ。ボランティアが、車内放送で沿線ガイドをしてくれる（不在日あり）。網走発の1・3号は北浜駅で10分間停車し、展望台からオホーツク海や知床連山の壮大な眺望を満喫できる。※記載内容は2025年2月時点のもの

ACCESS
アクセス

たんちょう釧路空港
↓ 阿寒エアポートライナーで 1時間15分
網走駅

網走駅で乗り場へ

INFORMATION
問い合わせ先

JR北海道電話案内センター(6:30〜22:00)
☎ 011-222-7111

DATA
観光データ

所 網走駅〜知床斜里駅 開 2月頃1日2往復（運行日・時刻は要問合せ）休 公式サイトにて要確認 料 1040円（大人片道自由席）※海側の指定席は別途840円 P あり

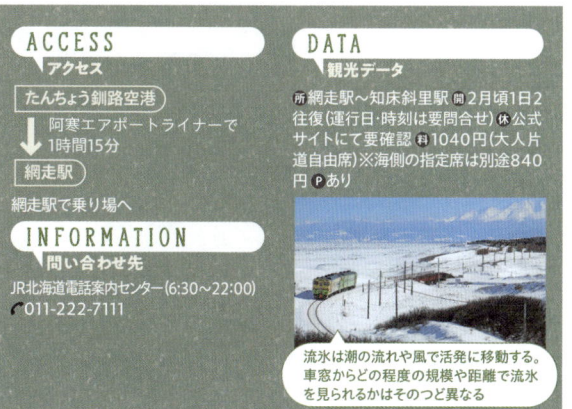

流氷は潮の流れや風で活発に移動する。車窓からどの程度の規模や距離で流氷を見られるかはそのつど異なる

寒空に輝く氷と雪のアート

大迫力 & 幻想的な冬のイベント

雪像や氷瀑、氷上花火など、冬の北海道をより美しく華やかに彩る雪や氷のイベントが各地で開催される。グルメの出店や関連イベントなども加わって大いに盛り上がる。

支笏湖ブルーの氷が神秘的。1月下旬〜3月上旬に開催

大小の氷像が織りなす氷の美術館

千歳・支笏湖氷濤まつり
ちとせ・しこつこひょうとうまつり

骨組みに湖水を噴霧して凍らせた氷のオブジェが立ち並ぶ、支笏湖の冬の風物詩。昼間は青く輝き、夜はカラフルなライトに照らされて、異なる幻想風景を演出。体が冷えたら周辺の温泉で温まろう。

千歳市 MAP P.187 C-2

☎0123-23-8288((一社)国立公園支笏湖運営協議会) ✈JR千歳駅から車で約60分 🚌千歳市支笏湖温泉 🕐10:00〜20:00(ライトアップ16:30〜) 💴1000円 🅿あり(冬季無料)

氷柱林、アイスシャンデリアなど多彩なオブジェが、夜は色鮮やかに

氷の街で宿泊体験やグルメ、お買い物

アイスヴィレッジ

トマムに広がる3.2haの敷地に冬だけ出現する氷の街。パーラーやバー、雑貨屋、教会、ホテルなど11の施設は、氷と雪で造られている。ホテルは宿泊体験も可能で、すべり台やアイススケートも楽しめる。

占冠村 MAP P.188 A-3

☎0167-58-1111(代表電話) ✈JRトマム駅から送迎バスで10分 🚌占冠村中トマム 🕐17:00〜22:00(最終入場21:30) 🈡期間中無休※天候により営業中止の場合あり 💴600円 🅿あり

例年12月上旬〜3月中旬に実施。教会で挙式もできる

レトロな街並みで祝う聖夜

はこだて
クリスマスファンタジー

異国情緒漂う函館・赤レンガ倉庫前で実施されるクリスマスイベント。海上に浮かぶ巨大なクリスマスツリーが点灯すると、上空に鮮やかな花火が打ち上がる。スープバーの出店などもある。

函館市 **MAP** P.186 A-4

📞0138-27-3535(はこだてクリスマスファンタジー実行委員会) 🚃市電・十字街電停から徒歩5分 🏠函館市末広町14-12 🕐16:30〜17:45、18:00〜22:00(花火は18:00〜) 🈂期間中無休 💴無料 🅿あり

11月下旬〜12月下旬、1日に3回だけツリーが赤く輝く

雪像のスケールと技術で圧倒

さっぽろ雪まつり
さっぽろゆきまつり

札幌市中心部で行われる冬の一大イベント。大通公園には迫力ある巨大雪像がずらりと並び、すすきの会場には氷の彫刻がお目見え。つどーむ会場では、すべり台など雪のアクティビティを楽しめる。

札幌市 **MAP** P.186 C-4

📞011-281-6400(さっぽろ雪まつり実行委員会) 🚃地下鉄・大通駅からすぐ 🏠札幌市中央区大通 🕐🈂期間中見学自由 🅿なし

2025年は2月4日〜2月11日に開催

©HBC北海道放送

澄んだ空に美しい真冬の花火

阿寒湖ICE・
愛す・阿寒『冬華美』
あかんこアイス・あいす・あかん『ふゆはなび』

凍結した阿寒湖を舞台にした氷上フェスティバル。昼間はスノーモービルなどのアクティビティを体験し、たら、20時から氷上花火を見学。アイヌのセレモニーも見学できる。

釧路市 **MAP** P.188 C-3

📞0154-67-3200(阿寒観光協会) 🚃JR釧路駅から車で80分 🏠阿寒湖氷上特設会場 🕐19:30〜20:30 🈂期間中無休 💴無料 🅿なし

例年2月〜3月中旬に実施。一部のイベントは3月上旬まで

色とりどりに輝く氷のオブジェ

層雲峡温泉氷瀑まつり
そううんきょうおんせんひょうばくまつり

石狩川の水を凍らせて作った約30基の氷の建物やオブジェが、7色の光でライトアップ。氷の迷路や氷瀑神社、氷酒場など趣向を凝らした造形物が毎年登場し、花火やステージイベントも行われる。

上川町 MAP P.188 B-2

☎01658-2-1811（層雲峡観光協会）
🚗旭川紋別道・上川層雲峡ICから約25km 🏠上川町層雲峡温泉（特設会場）🕐17:00〜21:30 ※土・日曜、祝日ほか指定日は11:00〜21:30（入場は〜21:15）🈺期間中無休 🈯1000円
🅿あり

2025年は1月25日〜3月9日に開催。日本夜景遺産に認定されている

五稜郭の星形が最も美しい季節

五稜星の夢
ごりょうほしのゆめ

五稜郭公園の堀を約2000個の電球で照らし、美しい星形を浮かび上がらせる。凍結前は水面に光が反射し、凍結後は輝きを増し、雪が積もれば真っ白な星形と、訪れる時季により表情が変化する。

函館市 MAP P.186 A-4

☎0138-51-4785（五稜星の夢実行委員会）🚉市電・五稜郭公園前電停から徒歩13分 🏠函館市五稜郭町44 🕐日没〜19:00 🈺期間中無休 🈯公園内散策無料（五稜郭タワー1000円）
🅿あり

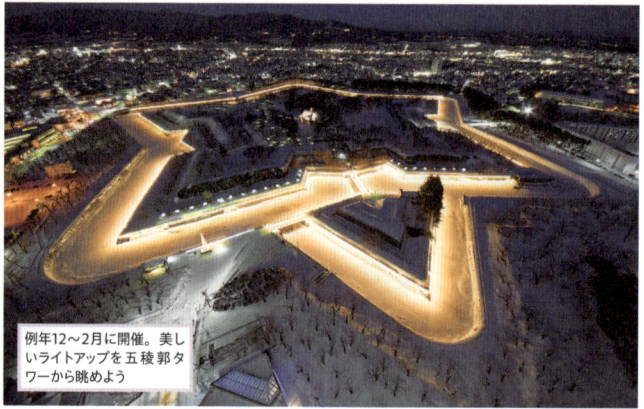

例年12〜2月に開催。美しいライトアップを五稜郭タワーから眺めよう

大正ロマンの街に灯るキャンドル

小樽雪あかりの路
おたるゆきあかりのみち

小樽の市内全域にスノーキャンドルがほんのり灯る、手作りのイベント。小樽運河は、ガラスの浮き球キャンドルが水面に浮かんでロマンチック。

小樽市 MAP P.187 B-1

☎0134-32-4111（小樽雪あかりの路実行委員会事務局）🚉JR小樽駅から徒歩10分 🏠小樽市港町5など 🕐🈺🈯🅿各会場による

例年2月中旬に開催されている

水辺に神秘の輝き

吸い込まれそうなほど
透き通る水をたたえた美しい池に
日本海、太平洋の海原を望む切り立った岬、
神々しい美を放つ水辺への誘い。

美瑛町 **MAP** P.188 A-2

白金 青い池
しろがね あおいいけ

枯れ木の立ちつくす青い水面
偶然が生み出した幻想世界

絶景ポイント

鮮やかな青い池に立ち枯れた木の林立する風景が幻想的と人気を呼ぶ。周囲の緑や山々が季節の美しい彩りを添える

青い水の色は常時保たれているわけではな
く、季節や天候により変わる。光の差し込
みやすい午後の早い時間がベスト。大雨の
翌日には水が濁ることもある

パソコンの壁紙にも使用され、世界的に有名になった青い池。源流では透明な美瑛川の水が、白ひげの滝付近でほかの川と合流するとコバルトブルーになり、青い池へ注がれる。

コバルトブルーの水の色で人々を魅了する青い池は、偶然により誕生した池だ。昭和63年（1988）に噴火した十勝岳の防災工事のため、美瑛川に設置した堰堤に水が溜まって池となった。一部を水没させた木が立ち枯れて、水面に映る情景が幻想的だ。池の青い色は、美瑛川にナトリウム成分を多く含む硫黄川（いおうがわ）などが流れ込むことで生まれる。水中に生成された微粒子が太陽光を散乱させ、鮮やかな青を地上に届けているという。新緑や紅葉など四季の自然に映え、積雪期にはライトアップが行われる。

周囲のカラマツなどが紅葉して水面に映り込むといっそう鮮やかに。水面が穏やかな無風の秋の日に楽しめる風景

2010年頃からクチコミで広がり、多くの観光客が訪れる人気のスポットとなった

水面が雪に覆われる11〜4月頃には、ライトアップを実施する。さまざまな光の演出で楽しませてくれる

ACCESS
▶アクセス

旭川空港
↓旭川線で約15分
美瑛駅
美瑛駅バス停から道北バス・白金温泉行きで20分、白金青い池入口バス停下車、徒歩7分

INFORMATION
▶問い合わせ先
美瑛町商工観光交流課
☎0166-92-4321

DATA
▶観光データ
所 美瑛町白金 時 見学自由、冬季はライトアップ期間中のみ夜間見学可（日没〜21:00）休 無休 料 無料 P あり（有料）

BEST TIME TO VISIT
▶訪れたい季節
青い池は太陽光を受けると美しく見えるので、日差しが強く、晴れ間の多い5月下旬〜6月中旬がおすすめ。晴天で無風の日は水が澄んで美しい。雨が降ると水が濁るので、前日の天気にも注意しよう。午前中は気候的には良いが、逆光になるのを覚悟。紅葉や冬のライトアップもきれい。

道の駅びえい「丘のくら」5
美瑛駅
三愛の丘展望公園 P.41
クリスマスツリーの木●
かんのファーム★ P.41
美馬牛駅
千代田の丘★ P.41
拓真館★ P.41
四季彩の丘 P.38
歩人 4
白金 青い池
フラワーランドかみふらの★ P.49
上富良野駅
白樺街道 1
日の出公園★ P.49
白ひげの滝 2
吹上露天の湯 3
ファーム富田 P.60
上富良野駅
北星山ラベンダー園★ P.49
ラベンダー畑駅
十勝岳温泉
十勝岳

TRAVEL PLAN

青い池や白ひげの滝と白金温泉を結ぶ白樺街道は心地よいドライビングロード。
十勝岳山中には、無料で入れる野趣あふれる混浴露天風呂もある。

COURSE

10:00	美瑛駅
↓	車で20分
10:20	白金 青い池
↓	車で7分
11:30	白樺街道
↓	車で通行
	白ひげの滝
↓	車で15分
12:30	吹上露天の湯「丘のくら」
↓	車で40分
15:00	道の駅びえい
↓	車で1分
16:00	美瑛駅

白樺街道
しらかばかいどう
MAP P.120-①

美瑛の街から白金温泉へ至る道道966号沿い、約4km続く白樺林。白い木肌と緑のコントラストが美しい景観をつくる。
☎0166-92-4378(美瑛町観光協会) 🚌JR美瑛駅から道北バス・白金温泉行きで19分、道の駅 びえい「白金ビルケ」前下車、徒歩5分
🏠美瑛町白金 開休料見学自由 Pなし

道道966号沿いに続く
美しい街道

天気が良いと、美瑛富士と白樺林の美しい景色が見える

白金 青い池
しろがね あおいいけ

青い水面に立ち枯れた樹木が美しい

白ひげの滝
しらひげのたき
MAP P.120-②

地下から湧き出た水が勢いよく白金小函の青みがかった渓流に流れ落ちる景色はまさに神秘的。
☎0166-92-4378(美瑛町観光協会) 🚌JR美瑛駅から道北バス・白金温泉行きで26分、白金温泉下車、徒歩5分
🏠美瑛町白金 開休料入園自由 Pあり

勢いよく流れる
滝の迫力に感動

晴れた日にぜひ訪れたい

森の中の
露天風呂

脱衣所はないので水着着用で

吹上露天の湯
ふきあげろてんのゆ
MAP P.120-③

かつては温泉宿が建っていたが、廃業後に湯船だけが残り、無料の混浴露天風呂となった。ドラマ『北の国から』で有名になり、今では休日ともなると大勢の観光客が訪れる。
☎0167-45-6983(上富良野町企画商工観光課) 🏠上富良野町吹上温泉 料開休入浴自由 🚌JR上富良野駅から車で20分 Pあり

大正初期に建設された
歴史ある倉庫を使用

重厚感あふれる
たたずまい

道の駅 びえい「丘のくら」
みちのえき びえい「おかのくら」
MAP P.120-⑤

美瑛軟石造りの倉庫を改装した道の駅。小麦やトウモロコシなどご当地食材を使ったファストフードやおみやげが充実している。
☎0166-92-0920 🚌JR美瑛駅より徒歩3分 🏠美瑛町本町1丁目9-21
🕘9:00~18:00(3~5月・9~11月は~17:00) 12~2月10:00~17:00
休無休 Pあり

LUNCH

自家製ハム・ソーセージを楽しむ
歩人
ほびっと
MAP P.120-④

ハム、ソーセージなどを季節ごとに作り分け、常時20種類以上を提供

☎0166-92-2953 🚌JR美瑛駅から道北バス・白金温泉行きで20分、美沢25線下車、徒歩2分 🏠美瑛町美沢美生
🕘10:00~18:00(LO16:00)※変動あり 休火・水曜、4・11月に不定休あり Pあり

積丹町 MAP P.187 A-1

神威岬
かむいみさき

アイヌの悲恋伝説が残る岬
積丹ブルーの海の大展望

絶景ポイント

積丹ブルーと呼ばれる透んだ
青い海を300度のパノラマで
見晴らせる。龍のように延びる
岬の緑との対比も美しい

日本海を眺望する積丹半島の絶景スポット。先端へ続く小道の所要時間は往復約40分で、利用時間が定められている。滑りやすい箇所があるので、スニーカーなどの歩きやすい靴で向かおう

カムイ（神威）はアイヌ語で「神の住まう海」。神威岬は古くから信仰の対象とされ、アイヌの女性の悲恋伝説も残されている。岬が青い海へ延びる独創的な風景を写真に収めよう。

神威岬は積丹半島の火山群の山裾が、日本海の荒波に削られて生まれた海蝕崖だ。高さ約80mの細長い岬が尾根のように海へと続いている。岬に続く「チャレンカの小道」を尾根伝いに20分ほど歩くと、岬の突端に着く。チャレンカとは、岬の伝説に登場する女性の名前だ。首長の娘チャレンカは、北の地に落ち延びた源義経と恋をした。義経の旅立ちを知ったチャレンカは悲しみのあまり岬で身を投げ、神威岩になったという。岬の沖に浮かぶ神威岩と青く澄んだ海の神秘性が悲恋の伝説を生んだ。

海に向かって突き出た形が特徴。岬の突端へは散策路を歩いて約20分

岬の先端近くに神威岬灯台が立ち、目の前に神威岩が浮かぶ。チャレンカの小道にはアップダウンが続いている

ACCESS
アクセス

新千歳空港
↓ 快速エアポートで1時間15分
小樽駅
↓ 函館本線で25分
余市駅
余市駅から車で50分

INFORMATION
問い合わせ先
積丹観光協会 ☎0135-44-3715

DATA
観光データ
所 積丹町神岬町 開 ゲート開門8:00〜17:00（季節により変動あり）休 無休 料 無料 P あり

BEST TIME TO VISIT
訪れたい季節
夏（6〜8月）は海が穏やかで、青く澄んだ日が多い。海の色は、天候や時間帯によっても左右される。夏は岬に茂る緑が鮮やかな季節でもある。6月頃には、エゾカンゾウの大群落やハマナス、エゾスカシユリなどが咲く。冬は日本海が荒れているため、澄んだ青色をあまり期待できない。

岬入口にある女人禁制の門。チャレンカの悲運の後、女性を乗せた船の難破が岬の沖で続いたため造られたという

神威岬
☆

積丹岬 ● ⑤ 島武意海岸
マッカ岬
ビャノ岬　石狩湾

⑤ 積丹町
積丹川
大天狗山
ポンネアンチシ山
大ネアンチシ山
珊内岳
古平川　厚苫岬　④ 水中展望船 ニューしゃこたん号
丸山岬　229
両古美山 古平町　シリパ岬　③ えびす岩と大黒岩
竜ヶ岬
229　蘭島駅　余市川
余市駅　蘭島岬
道の駅 スペース・アップルよいち ②
神恵内村
天狗岳　余市IC　後志自動車道
⑤ 小樽市
ニッカウヰスキー余市蒸溜所 ①　余市町

0 5km　N

T R A V E L P L A N

神威岬をはじめ、積丹半島の景勝スポットを巡る。水中展望船で海から眺めるのもいい。余市のウイスキー蒸留所では、製造工程の見学や試飲も楽しめる。

C O U R S E

9:30	余市駅
↓	車で2分
9:35	ニッカウヰスキー余市蒸溜所
↓	車ですぐ
11:00	道の駅 スペース・アップルよいち
↓	車で15分
12:15	えびす岩と大黒岩
↓	車で25分
13:30	水中展望船 ニューしゃこたん号
↓	車で25分
15:00	島武意海岸
↓	車で25分
16:00	神威岬
↓	車で50分
17:30	余市駅

ニッカウヰスキー余市蒸溜所
ニッカウイスキーよいちじょうりゅうしょ
MAP P.124- 1

NHKの朝ドラ『マッサン』にも登場した創業者・竹鶴政孝が本物のウイスキーを作る夢を実現した場所。敷地内には石造りの工場や貯蔵庫が並び、10棟の建造物が国の登録有形文化財だ。

☎0135-23-3131 交JR余市駅から徒歩3分 所余市町黒川町7-6 営9:15～15:30(最終入場)、レストラン10:00～15:20(LO)、ガイドツアー9:30～12:00,13:00～1 4:30(30分おき、事前予約制) 休6月11日、12月23日～1月7日 料無料(一部有料) Pあり(有料)

ウイスキー造りの情熱の軌跡

ニッカミュージアム＆テイスティングバー

道の駅 スペース・アップルよいち
みちのえき スペース・アップルよいち
MAP P.124- 2

道の駅には宇宙飛行士・毛利衛氏の業績を展示・紹介する宇宙記念館(有料)がある。売店では余市産リンゴをたっぷり使用したアップルパイが人気。☎0135-22-1515 交JR余市駅から徒歩8分 所余市町黒川町6-4-1 営9:00～17:00 休11月上旬～4月中旬の月曜※祝日の場合は翌日 Pあり

宇宙飛行士を輩出した街

ワインとフルーツの街で旬の味が楽しめる

えびす岩と大黒岩
えびすいわとだいこくいわ
MAP P.124- 3

沖合十数mほどの浅瀬に2つ並んでいる岩。岩の根元に向かって細くなっているのが「えびす岩」。安定感のある大きな岩が「大黒岩」。相反する形が並ぶさまは、まさに自然の不思議。

☎0135-22-4115(余市観光協会) 交JR余市駅から車で約20分 所北海道余市郡白岩町172 営見学自由 休料 Pなし

えびす岩(左)と大黒岩(右)は、そのたたずまいから「夫婦岩」とも呼ばれている

倒れそうで倒れない造形美

水中展望船 ニューしゃこたん号
すいちゅうてんぼうせん ニューしゃこたんごう
MAP P.124- 4

グラスボートになっている観光船。奇岩や巨岩の景観、北海道で唯一の海中国定公園に指定された海、海中の様子を船の底から展望できる。

☎0135-44-2455 交JR余市駅から車で35分 所積丹町美国町船潤(美国漁港内) 営9:00～16:30(季節により変動あり) 休荒天時、10月下旬～4月下旬 料2500円 Pあり

海上から眺める荒々しい海岸線の絶景は迫力満点。所要時間は40分ほど

積丹の大自然を間近に

島武意海岸
しまむいかいがん
MAP P.124- 5

人が一人通るのがやっとの小さなトンネルを抜けると、海岸の景色が開ける。青い海は海中の岩が透けて見えるほど透明で美しい。

☎0135-44-3715(積丹観光協会) 交JR余市駅から車で1時間 所積丹町入舸町 営見学自由 Pあり

積丹の大自然を間近に

紺碧の海と出会う渚

初夏にはエゾカンゾウの花が断崖の斜面を彩る

神威岬
かむいみさき

日本海に沈む夕日が映える岬。沖合に突き出る岩は神威岩

水辺に神秘の輝き

知床五湖
しれとこごこ

原生林に包まれる湖を巡り
世界遺産の大自然を気軽に謳歌

絶景ポイント

5つの湖や原生林の広がる知床の大自然に飛び込んで気軽に散策できる。知床の魅力が凝縮されたスポット

一湖の湖畔展望台からの眺望。無料の高架木道、有料で条件付きの地上遊歩道のすべてのコースで一湖の景色を楽しめる。オホーツク海を一望できる場所も

世界自然遺産・知床の人気景勝地。5つの湖周辺に散策路が整備されている。自然保護のためのマナーや服装、地上遊歩道の利用法などを知床五湖の公式サイトで確認しておこう。

知床連山の麓に広がる原生林に、一湖から五湖までの5つの湖が点在する。ヒグマやエゾシカ、野鳥などの多様な生物が周辺に暮らし、知床連山の雄姿や湖、原生林など、世界遺産・知床の魅力的な風景を気軽に満喫できる。散策の方法は2通り。ひとつは往復約1.6kmの高架木道で、ヒグマの安全対策がとられたコースを無料で散策できる。もうひとつは、森林のなかに続く有料の地上遊歩道。散策前にはレクチャーの受講が必須で、ヒグマ活動期はガイドツアーに参加し、それ以外の時期は個人で散策が可能。

高架木道にはヒグマ対策の電気柵を設置。傾斜の緩いバリアフリーの木道なのでベビーカーを押して散策できる

ACCESS
▼ アクセス

女満別空港
↓ 空港連絡バスで40分
知床斜里駅
↓ 斜里バス知床線で50分
ウトロ温泉バスターミナル
ウトロ温泉バスターミナルから知床五湖行きバスで25分

INFORMATION
▼ 問い合わせ先
知床五湖フィールドハウス
☎ 0152-24-3323

DATA
▼ 観光データ
所 斜里町岩尾別 開 8:00〜18:30(日没時間により変動) 休 11月上旬〜4月中旬 料 高架木道は無料。地上遊歩道は植生保護期250円、ヒグマ活動期は小ループツアー3500円、大ループツアー5000円前後(ガイド事業所により異なる) P あり(有料)

BEST TIME TO VISIT
▼ 訪れたい季節
グリーンシーズンの期間は4月下旬〜11月上旬頃。紅葉は9月下旬〜10月頃まで楽しめる。ヒグマ出没時はコースが閉鎖されることもある。

原生林の紅葉と知床連山を映し込む秋の二湖。知床五湖で最大の面積を持つ。地上遊歩道利用者は間近で見物できる

知床五湖を散策するのに、日焼けや虫よけ対策は必須。服装はスニーカーやトレッキングシューズでリュックがベスト

TRAVEL PLAN 🚗

知床五湖やオシンコシンの滝、知床横断道路沿いの峠のビュースポットなどの知床の景勝地を巡る。道の駅うとろ・シリエトクは地元食材の海鮮丼が名物。

COURSE

9:00	知床斜里駅
↓	車で40分
9:40	オシンコシンの滝
↓	車で15分
10:00	道の駅 うとろ・シリエトク
↓	車で20分
11:00	知床五湖
↓	車で20分
13:30	カムイワッカ湯の滝
↓	車で40分
15:10	知床峠
↓	車で通行
	見返り峠
↓	車で1時間
17:10	知床斜里駅

オシンコシンの滝
オシンコシンのたき
MAP P.128- 1

落差約30mの知床半島一の大瀑。オシンコシンとはアイヌ語で「川下にエゾマツが群生するところ」の意味だ。国道334号沿いにあり、滝のなかほどまで階段で上れば、その迫力を間近にできる。
☎0152-22-2125(知床斜里町観光協会) 🚃JR知床斜里駅から車で40分 所斜里町ウトロ東 時期間中見学自由 休11月上旬〜4月下旬 料無料 Pあり

流れが2つに分かれ「双美の滝」とも呼ばれる
圧倒される 知床最大の名瀑

道の駅 うとろ・シリエトク
みちのえき うとろ・シリエトク
MAP P.128- 2

国道334号沿いにある。知床観光の最新情報を発信するほか、ウトロ漁港で水揚げされた鮮魚の販売、本格的海鮮料理が楽しめるレストランも備える。☎0152-22-5000 🚃JR知床斜里駅から車で40分 所斜里町ウトロ西186-8 時9:00〜17:00(季節により異なる) 休12月の木曜 Pあり

漁師の作業場、番屋をイメージした建物
知床観光の 拠点施設

知床五湖
しれとごこ

周囲 約1.5kmと5つの湖のなかで最大の二湖

カムイワッカ湯の滝
カムイワッカゆのたき
MAP P.128- 3

硫黄山から湧出する温泉水が川となって流れ落ちる滝。カムイワッカ湯の滝のぼりはオンライン予約必須。☎0152-22-2125(知床斜里町観光協会) 🚃JR知床斜里駅から車で1時間20分 所斜里町岩尾別 時要予約 休11〜6月 料HPを要確認 Pあり

知床峠
しれとことうげ
MAP P.128- 4

斜里町ウトロと羅臼町を結ぶ知床横断道路の頂上、標高738mにある峠。目の前に羅臼岳、眼下に大樹海、天気の良い日には根室海峡と国後島を見晴らす大パノラマを一望できる。
☎0153-87-2126(羅臼町産業創生課) 🚃JR知床斜里駅から車で1時間 所羅臼町湯ノ沢町知床峠(国道334号) 時期間中見学自由 休11〜4月 料無料 Pあり

知床の自然と 広大な景色
目の前に見えるのは知床富士とも呼ばれる標高1661mの羅臼岳

天然温泉が流れる 温かい滝
美しい自然のなかで体を思いっきり動かしたい

見返り峠
みかえりとうげ
MAP P.128- 5

知床峠から羅臼側に少し下った、標高約690mの峠。ヘアピンカーブが続き、車窓からは羅臼岳や羅臼市街、国後島も眺められる。
☎0153-87-2126(羅臼町産業創生課) 🚃JR知床斜里駅から車で1時間 所羅臼町(知床国立公園内) 時見学自由 Pなし

海と山を見晴らす 絶景コース
新緑や紅葉の季節は特に人気のドライブルート

水辺に神秘の輝き

129

姫沼
ひめぬま

逆さ利尻富士を水面に映す
野趣あふれる人工の小沼

絶景ポイント

原生林や利尻富士を背景に美しい表情を見せる。湖面に利尻富士が鏡写しになったときが絶好のシャッターチャンス

沼や利尻富士、原生林など利尻の豊かな自然にあふれる景勝地。周囲の遊歩道で散策も楽しめる。散策後は、利尻山の湧水で淹れる絶品のコーヒーも味わおう。

利尻島の玄関口、鴛泊港の南東約2kmにある、周囲約800mの沼。大正6年(1917)に淡水魚の漁業奨励のため造られた沼で、堤防を建設して利尻山の湧き水をせき止め、3つの小さな池がまとまって姫沼になった。ヒメマスを放流したのが池の名の由来だ。鬱蒼とした原生林に囲まれ、晴れた無風の日には逆さ利尻富士が映り込んでなお美しい風景になる。沼の周囲には約1kmの遊歩道が整備されており、野鳥のさえずりを聞きながら森林浴が楽しめる。売店で利尻山の湧水を使ったコーヒーが味わえる。

残雪の利尻富士が見守る早春の姫沼の風景。6月になれば青々とした緑、秋には錦の紅葉に包み込まれる

人工の沼とは思えない豊かな自然景観が魅力。ヒメ鱒や鯉などが生息している。湖畔や遊歩道にトイレはないので、駐車場で済ませておこう

日本海

ポンモシリ島

夕日ヶ丘展望台

ペシ岬

利尻空港

鴛泊湾

野塚岬

利尻島

利尻富士町

ポン山

姫沼 ☆

N
0 1km

MAP P.131

水辺に神秘の輝き

ACCESS
アクセス

利尻島鴛泊港
↓ 宗谷バス利尻線で約5分
姫沼口
絶景スポットまで姫沼口バス停から徒歩20分

INFORMATION
問い合わせ先
利尻富士町観光案内所
☎ 0163-82-2201

DATA
観光データ
所 利尻富士町鴛泊湾内 開 期間中見学自由 休 11〜4月 料 無料 P あり

BEST TIME TO VISIT
訪れたい季節

初夏の6〜7月は、遊歩道でマイヅルソウやヒメイチゲなどの高山植物の花、バードウォッチングを楽しめる季節。沼の周囲の木々も緑が鮮やかで美しい。ウニや利尻昆布などの利尻の海産物は夏から秋が旬だ。姫沼が雪に覆われる11〜4月は入口が閉鎖され、立ち入り不可となる。

姫沼のほとりの森の中に設けられた木道の遊歩道。1周20分ほどで散策できる。途中には湧水スポットもある

周辺のスポット

夕日ヶ丘展望台
ゆうひがおかてんぼうだい

MAP P.131

見晴らしのよい展望台。特に夕暮れの時間は一帯がオレンジ色に染まり息を飲むような美しい景色が広がる。☎0163-82-2201(利尻富士町観光案内所) 交 利尻空港から車で5分 所 利尻富士町鴛泊 開 期間中見学自由 料 無料 休 11〜4月 P あり

のんびり過ごせる 心落ち着くスポット

夏には島の花々が咲き、秋にはススキが美しい

神の子池
かみのこいけ

「神の湖」から生まれたという どこまでも青く澄んだ池

絶景ポイント

光の量や見る角度でさまざまな青色に変わる澄んだ水。鬱蒼とした森と水中の倒木が、いっそう神秘的な雰囲気に

アイヌ語で「神の湖」を意味するカムイトーと呼ばれ、神秘的な光景や言い伝えから、古来パワースポットとして親しまれてきた。未舗装の狭い林道を通るので車の運転に注意。

摩周湖の北の閑静な森に水をたたえるコバルトブルーの池。周囲220mの小さな池に、1日約1万2000tの伏流水が湧き出すと伝わる。神の子という神秘的な名前は、アイヌ語でカムイトー（神の湖）と呼ばれる摩周湖の伏流水から生まれたとの言い伝えに由来する。水の透明度が高く、水深5mの池底までクリアに見える。水温が約8℃の低温に保たれているため、水中の倒木は腐ることなく、冬に結氷もしない。赤い斑点が特徴の淡水魚、オショロコマ（カラフトイワナ）が、ゆったりと泳ぐ姿も眺められる。

冬でも凍結しない池。積雪期は手前約2kmの道が雪に閉ざされるので、スノーシューツアーへの参加がおすすめ

湖底の白砂が水の青さをいっそう鮮やかにしている。池の周りには遊歩道も整備されている。森の中なので、虫除け対策や熊に注意しながら楽しみたい

ACCESS
アクセス

女満別空港
↓ リムジンバス女満別空港線で25分

網走駅
↓ 釧網本線で1時間30分

緑駅
緑駅から車で15分(中・大型車両通行止)。神の子池手前の2kmは砂利道あり

INFORMATION
問い合わせ先
清里町役場産業振興課
商工観光グループ
☎ 0152-25-3601

DATA
観光データ
所 清里町国有林内 休 休 料 見学自由 P あり

BEST TIME TO VISIT
訪れたい季節
森の緑が鮮やかで水が透明度を増す夏の7〜8月頃がとくに美しい。10月頃の紅葉も違った彩りの美しさ。積雪期は神の子池へ向かう林道が閉鎖される。積雪期にあたる11〜4月頃に、池へ向かうスノーシューツアーが実施される。ただし、吹雪などで道が広範囲に通行止めになることもある。

水辺に神秘の輝き

周辺のスポット

裏摩周展望台
うらましゅうてんぼうだい
MAP P.133

清里町と中標津町の町境に位置し、ほかの2つの展望台よりは霧の発生が少ないので、湖面を見渡せる可能性が高い。☎0152-25-4111(きよさと観光協会) 交JR緑駅から車で30分 所清里町国有林内 開見学自由 料無料 11月上旬〜4月下旬 Pあり

第一と第三展望台の反対側にある

標高585mの穴場的な展望台で、左手にカムイヌプリを望む

屈斜路湖 緑駅 清里町
391 斜里岳
弟子屈町
神の子池
川湯温泉駅
アトサヌプリ(硫黄山) 52 裏摩周展望台
摩周湖第3展望台 中標津町 温泉富士
摩周湖 カムイヌプリ(摩周岳) 150
美留和駅 ★摩周湖カムイテラス P.106 標茶町
0 3km

大沼国定公園
おおぬまこくていこうえん

秀峰・駒ケ岳の雄姿が借景
大沼湖に浮かぶ島々を巡る

絶景ポイント
島々には太鼓橋が架かり、湖面にスイレンやコウホネが花を咲かせる様子は、まるで絵画のなかに入り込んだよう

> 噴火によりつくり出された駒ケ岳の山容と島々の自然美を満喫。大沼国定公園広場からは散策路が設けられているほか、遊覧船やカヌー、湖畔サイクリングなどのアクティビティも。

　駒ヶ岳の裾野に大小の湖沼が点在する風光明媚な自然公園。大沼湖は堰止湖で、駒ヶ岳の噴火で流れ出た火山泥流が河川をせき止めて形成された。大沼公園広場には橋が架けられ、駒ヶ岳を背景に島々を巡る散策が楽しめる。豊かな自然のなか、動植物や野鳥の観察をしながら歩く「散策ガイドツアー」もおすすめ。春から夏は山野草や湖面に咲く花々が、秋は紅葉して紅く染まった駒ヶ岳が湖面にも映り込み、目を楽しませる。冬には湖面が結氷し、一面が真っ白な雪に覆われた白銀の世界が楽しめる。

冬は駒ケ岳が雪化粧し、大沼は結氷。スノーモービルやワカサギ釣りなどの氷上アクティビティを楽しめる

大沼国定公園の総面積は約9000ha。観光拠点の大沼は周囲約24km。大小百数十の小島が浮かび、「湖の松島」とも称される。小島に架かる橋を渡って島巡りを楽しめる

函館大沼 鶴雅リゾート エプイ ★ P.148

沼の家

大沼国定公園
● 釣り堀太公園

大沼国際交流プラザ P.151

N
0　200m

七飯町
小沼
昭和寺 卍
函館本線
大沼公園駅
大沼局
大沼神社
大沼駅

☆ 大沼国定公園

ACCESS
アクセス

函館空港
↓ 大沼交通バス 函館空港大沼線で1時間10分

大沼公園バス停
大沼公園バス停から徒歩すぐ

INFORMATION
問い合わせ先
大沼国際交流プラザ（大沼観光案内所）
☎ 0138-67-2170

DATA
観光データ
所 七飯町大沼町　開休料 散策自由　P あり

BEST TIME TO VISIT
訪れたい季節
春から夏は緑や花々の楽しめる季節。4月中旬頃には湖畔にミズバショウ、5月にはエゾヤマツツジが咲き、7月には大沼の水面にスイレンやコウホネが花開く。紅葉の見頃は10月下旬頃で、冬にはオオハクチョウが飛来する。湖面が凍結し、氷上ワカサギ釣りが楽しめるのは1月頃。

遊覧船でゆったりと湖上散策を楽しむ。4月中旬〜11月下旬まで運航し、大沼と小沼を約30分で周遊する

水辺に神秘の輝き

周辺のスポット

沼の家
ぬまのや

MAP P.135

明治38年（1905）創業の元祖大沼だんごの製造元。かつて蒸気機関車に乗って訪れる観光客向けに新粉の団子を作ったのが始まり。☎ 0138-67-2104　交 JR大沼公園駅からすぐ　所 七飯町大沼町145　営 8:30〜18:00（売り切れ次第閉店）　休 無休　P あり

創業以来変わらぬ製法と伝統の味を守り続ける

餡、胡麻、醤油の3つの味。あえて串には刺さず、一口サイズで食べやすい。大 710円、小 430円

澄海岬
すかいみさき

小さな入り江が魅せる絶景
透明度抜群の離島の海

青々と澄みわたる海を入り江の断崖がとり囲む絶景スポット。夏には高山植物の花が咲いてより鮮やかな風景に

礼文島の西海岸には断崖絶壁が連なり、景勝スポットの岬を巡って眺望を楽しむ人が多い。そんな岬の一つが、北西部にある澄海岬だ。名前のままの澄んだ海が魅力で、「礼文島で最も美しい海」と称賛される。岬の小さな入り江が弧を描き、翡翠色の透明な海を包み込む景色に魅了される。断崖や岩礁、大海原の壮大な風景を一望する展望台もある。岬が高山植物の花で彩られる夏がおすすめだ。近くには、島の固有種のレブンアツモリソウの群生地もあり、5月下旬〜6月中旬頃に開花する。

ACCESS
アクセス

礼文島香深港フェリーターミナル
↓ 宗谷バススコトン岬行きで47分
浜中バス停

絶景ポイントまで浜中バス停から徒歩で40分

INFORMATION
問い合わせ先

礼文町産業課📞0163-86-1001

DATA
観光データ

所 礼文町船泊西上泊 開休料 見学自由 Ｐ あり

BEST TIME TO VISIT
訪れたい季節

夏は海水がとくに青く澄んで美しい季節。岬の一帯には、トウゲブキやエゾスカシユリ、チシマリンドウなどの高山植物が6〜8月を中心に花を咲かせる。

岬の周辺にあるレブンアツモリソウ群生地。開花時期の5月下旬から6月中旬に開園する

襟裳岬
えりもみさき

日高山脈が太平洋へ没する地
強風吹き荒れ、霧にむせぶ岬

水辺に神秘の輝き

春から秋は霧が頻繁に発生しやすい季節。景色の見通せない日も多いが、高山植物が花咲く季節でもある。秋は見晴らしの良い日が多いが、強風で寒い日も

北海道中央部に連なる日高山脈の南端にあたる岬。太平洋に突き出す岬の先には沖合約2kmまで岩礁が続き、さらに海中に6kmの岩礁が連なっている。海上の岩礁地帯は、ゼニガタアザラシの格好の生息地となっている。襟裳岬の名物が海霧と強風。霧が海を包み、年間260日以上の強風が吹く日本有数の強風地帯として知られる。白亜の灯台が岬の断崖に立ち、近くの展望台からは荒々しい海と岬を見晴らせる。悪天候の日は、灯台に隣接する風の館では建物内から海を見学でき、強風体験施設もある。

ACCESS
アクセス

とかち帯広空港
↓ とかち帯広空港連絡バスで38分
帯広駅バスターミナル

帯広バスターミナルから十勝バス広尾線で2時間22分、広尾下車、JR北海道バス日勝線で1時間、えりも岬バス停下車すぐ

INFORMATION
問い合わせ先

えりも町産業振興課商工観光係
☎ 01466-2-4626

DATA
観光データ

所 えりも町えりも岬 開休料 見学自由 P あり

BEST TIME TO VISIT
訪れたい季節

春から秋は霧が頻繁に発生する季節。景色の見通せない日も多いが、高山植物が花咲く季節でもある。秋は見晴らしの良い日が多いが、強風で寒い日も。

風の館の屋内展望室で、ベンチに腰かけて海景色を楽しめる。ゼニガタアザラシを眺めるのに便利な望遠鏡もある

夕陽台
ゆうひだい

オホーツク海が朱色に染まり
ひと筋の光が輝く瞬間

オホーツク海とウトロ港が真っ赤に染まる魅惑的なサンセットタイム。三角岩のシルエットが夕景を引き立てる

知床半島中部のウトロにある夕陽の名所で、知床八景の一つに数えられる。国設知床野営場の海際に位置し、断崖上の木々の間から船の行き交うウトロ港やオロンコ岩、三角岩を眼下に望む。夕日が沈み始めるとオホーツク海や空が真っ赤に染まり、明るいオレンジの筋が海面を照らすロマンティックな光景が広がる。日没後に徐々に明るさを変える薄暮の時間も楽しみたい。真っ白な流氷に覆われる冬の海に沈む夕陽も魅力的だが、キャンプ場内は除雪されないのでスノーシューなどが必要。

ACCESS
アクセス

女満別空港
↓ 空港連絡バスで40分
知床斜里駅
↓ 斜里バス知床線で50分
ウトロ温泉バスターミナル
ウトロ温泉バスターミナルから徒歩15分

INFORMATION
問い合わせ先

知床斜里町観光協会
☎0152-22-2125

DATA
観光データ

所 斜里町ウトロ東429 開 期間中見学自由 休 積雪期間 料 無料 P 夕陽台の湯利用者は駐車場利用可能(無料)

BEST TIME TO VISIT
訪れたい季節

8月には三角岩とオロンコ岩の間に夕陽が沈む写真が撮れる。冬期はオロンコ岩の影になり夕陽は見られない。

納沙布岬
のさっぷみさき

本土で最初に朝日が昇る場所
遠くに望む島影に思いを馳せる

水辺に神秘の輝き

日の出と北方領土の島々を望む本土最東端の地。日の出の写真を撮るなら、白い灯台越しの風景がおすすめ

根室半島の先端に位置する、本土最東端の岬。本土でいちばん早く朝日が見られるスポットとして知られている。海霧の多い海の難所でもあり、岬の突端には明治初期に建てられた道内最古の歴史を持つ灯台が立つ。日の出時に灯台がシルエットとなって浮かび上がる情景が絵になる。東方には歯舞群島（はぼまいぐんとう）が浮かび、晴れた日には、歯舞群島や国後島（くなしりとう）など北方領土の島々を展望でき、岬の周辺には、北方館・望郷の家などの北方領土関連の資料館やモニュメント、食事処、みやげ物屋などが点在している。

ACCESS
アクセス

根室中標津空港

↓ 根室交通中標津空港線バスで2時間

根室駅前ターミナル

根室駅前ターミナルから根室交通納沙布線で45分、納沙布岬バス停下車すぐ

INFORMATION
問い合わせ先

根室市観光協会
☎ 0153-24-3104

DATA
観光データ

所 根室市納沙布 開 期間中見学自由 休 積雪期間 料 無料 P あり

BEST TIME TO VISIT
訪れたい季節

6～8月は日の出時刻が最も早く、午前3～4時頃に日が昇る。沖縄・那覇は5～6時と2時間の差がある。夏はラッコ、冬は流氷やクジラが見られることも。

納沙布岬灯台は、明治5年（1872）に建造された道内最古の洋式灯台。昭和5年（1930）に現在のコンクリート製に

海や湖が見える露天・サウナで憩う

海や湖など水辺の絶景を眺めながらスパやサウナでリラックス!
北海道ならではの大自然を感じられる宿で身も心も預けて過ごしてみたい。

サウナの窓の外にはオホーツク海と知床の山並みが広がり、例年2月頃には流氷も見られる

水平線を見渡す温泉・サウナで至福の時間を

北こぶし知床 ホテル＆リゾート
きたこぶししれとこ ホテル＆リゾート

2023年からオールインクルーシブリゾートになった海辺にたたずむリゾート。8階大浴場では、行き交う船を眺めながらくつろげる。3つの棟に分かれた客室はそれぞれに趣や眺望が異なり、露天風呂付きの部屋も用意。

斜里町 **MAP** P.189 E-1

☎0152-24-2021 ⊗JR知床斜里駅から車で45分 🏠斜里町ウトロ東172 ⊞15:00 ⊞11:00 🛏149室 💴1泊2食付3万1900円〜（シービューツイン）

展望大浴場の湯船に浸かっていると、まるでオホーツク海に浮いているような感覚に

大きな窓からオホーツク海を一望する客室

知床の自然を身近に感じられる北のリゾートホテル

最上階の13階に設けられた展望露天風呂は、湯の川温泉で最も高い場所にある

和モダンの空間と美しい景色が調和する宿

望楼NOGUCHI函館
ぼうろうノグチはこだて

湯の川温泉で最も高さのある眺望抜群のラグジュアリーホテル。メゾネットタイプのスイートと大正ロマンをコンセプトにした和モダンな客室には展望風呂が付いている。食事処では地元や近隣の食材が楽しめる。

函館市 MAP P.186 B-4

☎0570-026573 交市電・湯の川温泉から徒歩3分 所函館市湯川町1-17-22 in15:00 out11:00 室79室 予算1泊2食付3万8650円〜

ゆったりしたソファが心地よいメゾネットタイプのスイートルーム

屈斜路湖のほとりで癒やし時間

砂湯
すなゆ

湖畔の砂浜を掘るだけで温泉が湧き出てくる砂湯のほか、設置された湯船もある。冬になると約300羽のオオハクチョウが飛来。温泉に浸かる姿を間近で観察できる。

弟子屈町 MAP P.189 D-2

☎015-484-2106(砂湯レストハウス) 交JR川湯温泉駅から車で17分 所弟子屈町屈斜路湖畔砂湯 時休料入浴自由 Pあり

日本一の大きさを誇るカルデラ湖の屈斜路湖畔では温泉がいたるところで湧き出す

温泉露天風呂のある客室を満喫

湯の川プリンスホテル渚亭
ゆのかわプリンスホテルなぎさてい

120室もの温泉露天風呂付きの客室を備える温泉宿。津軽海峡が見える海側と、函館山と市街が見える山側とがあるので、予約時に眺望を確認しておくとよい。津軽海峡を一望でき、開放感あふれる大浴場も好評。

函館市 **MAP** P.186 B-4

☎0138-57-3911 ✆市電・湯の川温泉電停から徒歩10分 🏠函館市湯川町1-2-25 🅿あり 🕒15:00 🕕11:00 🛏190室 予弾1泊2食付2万6400～4万6600円

潮風が感じられる海側の露天風呂付き客室

目の前に津軽海峡の絶景が広がる大浴場露天風呂（男性用）

タイミングが合えば日没時間に楽しむこともできる

潮位により出現する海の中の天然温泉

水無海浜温泉
みずなしかいひんおんせん

火山の熱源によって湧き出た温泉が海水と混ざり適温で入浴できる。夏には温泉海水浴を楽しむファミリーも多い。脱衣所や公衆トイレも併設。潮の干満によって入浴時間が変化するので事前に入浴可能時間を確認しておきたい。

函館市 **MAP** P.187 C-4

☎0138-86-2111（函館市椴法華支所産業建設課）✆JR函館駅から車で1時間30分 🏠函館市恵山岬町 🕒休入浴自由（潮の干満により変動あり）🅿あり

日によって変わるが、1日に1～3回入浴可能な時間帯がある

ポツンと一軒、絵になる宿

日常から離れるためにあるような
湖畔や岬、田園にたたずむ宿。
周囲を囲む美景に包まれ、穏やかな
時の流れに身を任せる極上の贅沢を味わう。

ホテルノイシュロス小樽

ホテルノイシュロスおたる

全室に大海原を望む露天風呂
石狩湾を見下ろす岬の湯宿

絶景ポイント

遮るもののない日本海のワイドビューが魅力。部屋でも食事中もバスタイムも、雄大な海景色を満喫できる

日本海に突き出た岬の断崖上に建つホテル。最上階の円形部分にスイートルームがある。ノイシュロスとはドイツ語で「新しい城」。お城風の外観が由来だ

> 積丹半島（しゃこたんはんとう）の付け根近くの断崖上にあり、眺望を生かした客室露天風呂が自慢。地産地消の季節の食材を贅沢に使用した創作フレンチのディナーも定評がある。

小さな岬の先端に位置し、三方を日本海とニセコ・積丹・小樽海岸国定公園の自然に囲まれた海辺のリゾート。アンティーク調のツインルームと和洋室のほか、最上階の円形フロアにパノラマビューのスイートルームが並ぶ。すべての客室にオーシャンビューの露天風呂を備え、レストランや大浴場でも海を眺めて過ごせる。夕食に供されるのは、北海道の豊富な山海の幸の旬を盛り込んだ創作フレンチのフルコース。日本海や積丹半島の景勝を眺めながら、上質なディナータイムを満喫できる。

ACCESS
アクセス

新千歳空港
↓ 快速エアポートで1時間15分

小樽駅
小樽駅から北海道中央バス11系列で26分、バス停おたる水族館下車、徒歩10分

INFORMATION
問い合わせ先
☎ 0134-22-9111

DATA
宿泊データ
所 小樽市祝津3-282　P あり　in 15:00　out 11:00　室 58室　予算 1泊2食付1万7600円～

BEST TIME TO VISIT
訪れたい季節
コバルトブルーの海の色が鮮やかな夏は最も人気の季節。5～8月頃には客室露天風呂から、水平線に沈む夕陽や漁火を眺められる。春から秋は夕焼け、冬には朝日と、四季折々に魅力的な風景が広がる。特産のウニの旬は6～8月頃。積丹半島各地の飲食店で新鮮な生ウニ丼が味わえる。

ホテルノイシュロス小樽

高島岬

下赤岩山

赤岩山

おたる水族館 2

にしん御殿 小樽貴賓館（旧青山別邸）1

茅柴岬

新高島トンネル

弁天島

手宮公園

長橋なえぼ公園

函館本線

小樽市

色内埠頭公園

小樽運河

石狩湾

229 5

★ 小樽運河クルーズ P.179

⚓ 小樽港

★ 三角市場 P.179

小樽駅

★ 日本銀行旧小樽支店　金融資料館 P.179

★ 北一ホール P.179

P.179 小樽洋菓子舗ルタオ本店 ★

すべての部屋に海を望む開閉窓式の露天風呂を備え、夏からは水平線に沈む夕陽など刻々と変わる海景色が眺められる

朝食は道産食材のポトフや三段重、バゲットなどの創作ブレックファーストは、アレンジも楽しめる

夕食には北海道の四季の山海の幸を創作フレンチのフルコースで贅沢に味わう

周辺のスポット

にしん御殿 小樽貴賓館 旧青山別邸
にしんごてん おたるきひんかん きゅうあおやまべってい

MAP P.146- 1

貴賓館の敷地内、旧青山別邸はニシン漁で財を成した青山家の3代目が建てた豪奢な棟御殿だ。国の登録有形文化財だ。

📞0134-24-0024 🚉JR小樽駅から北海道中央バス・小樽水族館行きで14分、祝津3丁目下車、徒歩5分（夏季は小樽貴賓館下車すぐ）🏠小樽市祝津3-63 🕐9：00～17：00（11～3月は～16：00、12月29～31日は～15：00）🈳無休 💴1300円 🅿あり

道内屈指といわれる豪邸

3代目の娘・政恵（まさえ）が17歳のとき、夢を叶えるため贅を尽くして建築

おたる水族館
おたるすいぞくかん

MAP P.146- 2

大小62の水槽に約250種類以上5000点の魚類、海獣、鳥類などを飼育、展示する。イルカやペンギンのパフォーマンスもある。

📞0134-33-1400 🚉JR小樽駅から北海道中央バス・小樽水族館行きで18分、終点下車すぐ🏠小樽市祝津3-303 🕐9：00（12月中旬～2月下旬10：00）～17：00（10月中旬～11月下旬・12月中旬～2月下旬は～16：00）🈳11月下旬～12月中旬、2月下旬～3月中旬💴1800円 🅿あり

生き物たちのショーを観賞

トドのダイビングは迫力満点

函館大沼 鶴雅リゾート エプイ
はこだておおぬま つるがリゾート エプイ

大沼の自然に抱かれ
五感が解放される至福の時

山と緑に包まれる湖上テラスで静寂のひとときを楽しむ。湖面がオレンジに染まる夕暮れどきが最もロマンティックな瞬間

ポツンと一軒、絵になる宿

大沼の隣にある小沼の上に設けられたホテルのテラス。ソファとテーブルが用意されており、ティータイムや読書をしながらのんびりと過ごせる

> 景勝地、大沼にある緑豊かなリゾートホテル。小沼に設けられた水上テラス、北海道の自然を感じられるガーデンや夕食の本格フレンチ、温泉の露天風呂に心が癒やされる。

豊かな緑と湖沼群の景勝で知られる大沼国定公園内に建つホテル。鮮やかな花と緑のガーデンに迎えられて館内に入ると、シックでエレガントな大人の空間が広がり、スタッフがきめ細やかなサービスでもてなしてくれる。バーラウンジ奥の扉を開けて林に続く木道を進めば、小沼に浮かぶ幻想的な湖上テラスが現れる。ソファにもたれ、湖畔の雄大な自然に包まれて過ごせる特等席だ。地産食材で作る本格フレンチのディナーや庭園散策、大浴場の温泉も楽しみ。温泉風呂を設けた客室もある。

ACCESS
アクセス

函館空港

↓ 大沼交通バス 函館空港大沼線で1時間15分

大沼公園バス停

大沼公園バス停から徒歩5分

INFORMATION
問い合わせ先

☎ 0138-67-2964（9:00～20:00）

DATA
宿泊データ

所 七飯町大沼町85-9 P あり in 15:00 out 11:00 室 30室 予算 1泊2食付2万5800円～

BEST TIME TO VISIT
訪れたい季節

春から秋には、大沼・小沼でのカヌーや遊覧船、朝食クルーズなどのアクティビティが用意され、ガーデンで季節の花を楽しめる。10月中旬～11月上旬頃には、ホテル周囲の木々が鮮やかな紅葉に染まる。湖が結氷する1～3月には、氷上ワカサギ釣りやスノーシューツアーを実施する。

内浦湾で獲れた新鮮魚介や有機野菜など、大沼の半径50マイル（約80km）圏内の食材にこだわった「大沼50マイルスローフード」を提供

客室は、周囲の自然にマッチしたナチュラルでシックな雰囲気。写真はスタンダードのツイン

温泉露天風呂付きのツイン、スパリビング付きのツインも。スパリビングとは、リビングと温泉風呂を設けた離れのこと

敷地内には手入れの行き届いたガーデンが広がっている。四季折々の花やハーブの香りを楽しみながら散策を楽しみたい。夜にはライトに照らされ、プロジェクションマッピングも行われる

ポツンと一軒、絵になる宿

朝食の洋食セットはボリューム満点。館内にはイートインもできるブーランジェリーもある

周辺のスポット

大沼国際交流プラザ
おおぬまこくさいこうりゅうプラザ

MAP P.150

大沼公園周辺の見どころやアクティビティ、飲食店情報などが揃う。特産品販売やカフェコーナーがあるほか、散策ガイドツアーも開催。

📞 0138-67-2170　🚉 JR大沼公園駅からすぐ
🏠 七飯町大沼町85-15　🕐 9:00〜17:00　休 無休　料 無料　P あり

観光の情報はここで確認

散策後の休憩にも利用できる

ザ・ウィンザーホテル洞爺 リゾート&スパ

ザ・ウィンザーホテルとうや リゾート & スパ

間近に洞爺湖の大パノラマ
要人ももてなした北の高級リゾート

絶景ポイント

ホテルの前に広がる洞爺湖のパノラマビューは圧巻。ロビーや客室の大きな窓からも、洞爺湖ビューを満喫できる

中島の浮かぶ優美な洞爺湖が、ロビーの大窓に広がる。ホテルの魅力を象徴する風景

ポツンと一軒、絵になる宿

洞爺湖と周辺の大自然を間近に望む、北海道を代表する最高級リゾートホテル。スイートや客室、多彩なグルメに温泉、各種アクティビティなど、上質な施設や設備でもてなす。

標高625mのポロモイ山頂に建つホテルの自慢は、眼下に広がる洞爺湖のワイドな眺望。羊蹄山や内浦湾も望めるほか、幻想的な雲海が現れる日もあり、変化に富む壮大な眺望で魅了する。これまで各国の要人をもてなしており、平成20年（2008）には北海道洞爺湖サミットの会場となっている。優雅で上品なスイートルームを多彩に揃え、気軽に泊まれるカジュアルタイプの客室も用意。各国の一流の味が楽しめるレストランやバー、ゴルフ、テニス、プール、温泉など、リゾートステイを満喫できる施設も豊富。

ACCESS
アクセス

新千歳空港
↓ 快速エアポートで3分
南千歳駅
↓ 室蘭本線 特急で1時間30分
洞爺駅

洞爺駅から送迎あり（無料・要予約）もしくは、洞爺駅から車で約30分

INFORMATION
問い合わせ先
📞0570-056-510（予約センター）

DATA
宿泊データ
所 洞爺湖町清水 P あり in 15:00 out 12:00 室 386室 予約 1泊2食付2名6万4620円～

BEST TIME TO VISIT
訪れたい季節
洞爺湖観光が最も賑わうのは夏。湖の周辺で多彩なアウトドアアクティビティを楽しめる。4月末～10月末頃には、洞爺湖の花火大会が行われる。雲海を目当てに訪れるなら、出現率の高い春から初夏がおすすめだ。冬はホテルのゲレンデで、ウインタースポーツを堪能できる。

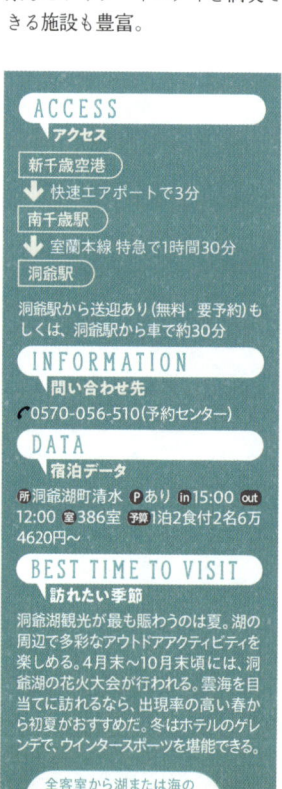

全客室から湖または海の美しい絶景を楽しめるのがうれしい

洞爺湖ビューのバスを配したG8サミットスイート。スイートは多彩にあり、専用サロンの利用、車の配車サービスなど各種特典が付く

ザ・ウィンザーホテル洞爺リゾート＆スパ

湖畔の小高い山の上に建つホテルのロビーから、雄大な洞爺湖を眼下に見晴らす。はるかに羊蹄山や内浦湾も望むことができ、ワイドな眺望に目を奪われる

ポツンと一軒、絵になる宿

ブーランジュリー ウィンザーには北海道産小麦を使い、最高の技術で焼き上げるパンが揃う

「ギリガンズ アイランド」では、フレンチのカジュアルランチから豪華ディナーコースまで味わえる

室内プールやジャクジー、サウナ、アスレチックを完備した「クリスタル ブルー クラブ」は、すべての宿泊客が無料で利用可

坐忘林
ざぼうりん

手つかずの自然に身を委ね
静かに自分と向き合える場所

絶景ポイント

客室の露天風呂から望む壮大な自然。白樺林や羊蹄山、アンヌプリの山々などを眺めながら自分時間を満喫

客室は、全室にリビングを設けたスイート仕様で趣はさまざま。畳敷きに布団を用意した和室や洋室、和洋室など

北海道の旬の魅力を盛り込んだオリジナルの北懐石を夕食に提供。素材の味を最大限に引き出して調理する

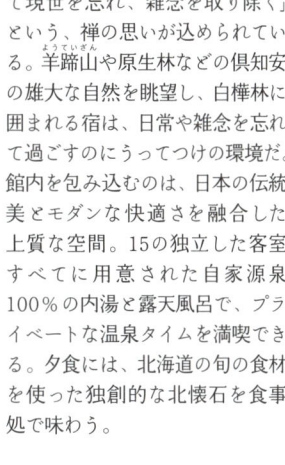

雄大な山々や原生林、緑の牧場風景が広がる倶知安の隠れ旅館。
自家源泉100%の客室露天風呂で自然に癒やされ日常を忘れたい。

旅館名の坐忘林には、「静座して現世を忘れ、雑念を取り除く」という、禅の思いが込められている。羊蹄山や原生林などの倶知安の雄大な自然を眺望し、白樺林に囲まれる宿は、日常や雑念を忘れて過ごすのにうってつけの環境だ。館内を包み込むのは、日本の伝統美とモダンな快適さを融合した上質な空間。15の独立した客室すべてに用意された自家源泉100%の内湯と露天風呂で、プライベートな温泉タイムを満喫できる。夕食には、北海道の旬の食材を使った独創的な北懐石を食事処で味わう。

ポツンと一軒、絵になる宿

客室露天風呂は桧風呂と岩風呂の2種類。保湿成分が豊富な美肌の湯を楽しめる

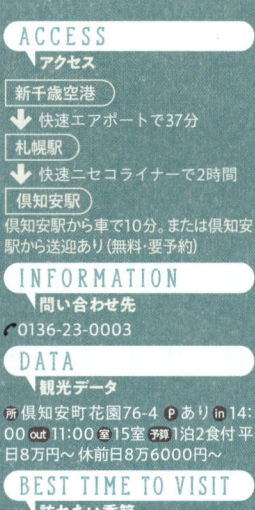

ACCESS
アクセス
新千歳空港
↓ 快速エアポートで37分
札幌駅
↓ 快速ニセコライナーで2時間
倶知安駅
倶知安駅から車で10分。または倶知安駅から送迎あり（無料・要予約）

INFORMATION
問い合わせ先
☎ 0136-23-0003

DATA
観光データ
所 倶知安町花園76-4 P あり in 14:00 out 11:00 室 15室 予算 1泊2食付 平日8万円〜 休前日8万6000円〜

BEST TIME TO VISIT
訪れたい季節
一年を通して四季の風景を楽しめるが、緑の鮮やかな春から夏の風景がとくに魅力的。避暑に最適な7〜8月には、周辺で多彩な屋外アクティビティを満喫できる。冬はニセコのパウダースノーを求めてスキー客が集い、5月上旬頃まで春スキーを楽しめる。紅葉の見頃は10月中旬〜下旬頃。

共和町
・花園牧場
硫黄川
花園温泉
♨ 坐忘林
HANAZONO GOLF
旭ヶ丘公園
旭ヶ丘スキー場
倶知安高
倶知安駅
倶知安温泉 ♨
倶知安農高
ジャコ川
鏡沼
ニセコHANAZONO リゾートスキー場
倶知安町
倶知安橋
0 1km
N

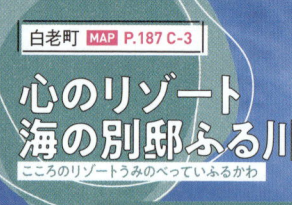

心のリゾート 海の別邸ふる川

こころのリゾートうみのべっていふるかわ

窓の外一面が見渡す限りの海
眺望が何よりのおもてなし

絶景ポイント

遮るもののない太平洋の眺望。ラウンジやテラス、客室、大浴場の露天風呂から、大海原の鮮やかな風景を楽しめる

登別温泉に隣接し、道内有数の湯量を誇る虎杖浜温泉にある宿。いちばんの魅力は見渡す限りの太平洋の眺望。新鮮魚介など、白老の豊富な食材を生かした夕食の和会席も楽しみの一つ。

白老町の高台に立ち、眼下に太平洋のパノラマが広がる。一面ガラス張りのラウンジや野外テラスで、開放感あふれる海の絶景を眺めて至福の時間を過ごせる。ペット同伴可の部屋を除けば、客室はすべてオーシャンビュー。露天風呂や広いテラス付きのスイートルームも用意している。海と一体化した気分を楽しめる、大浴場の露天風呂の眺望も申し分ない。なかでもロマンチックな瞬間が日の出タイム。特別な瞬間を逃さず楽しんでもらうため、「朝日モーニングコール」のサービスを行っている。

地元産のタラコや干物などが並ぶ和朝食セット。夕食は、前浜で揚がる新鮮魚介や白老牛などの地元食材を使った季節の和食会席でもてなす

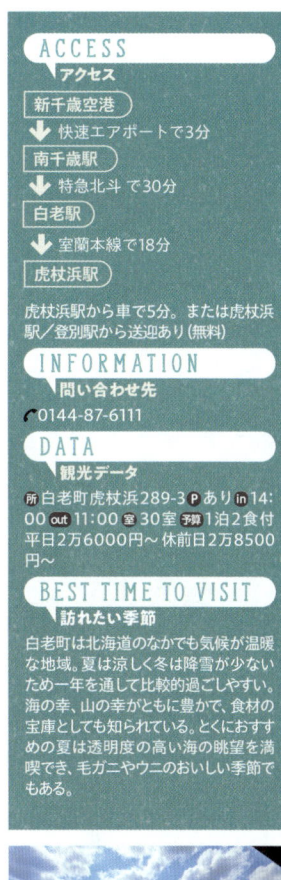

ACCESS
アクセス

| 新千歳空港 |
| ↓ 快速エアポートで3分 |
| 南千歳駅 |
| ↓ 特急北斗 で30分 |
| 白老駅 |
| ↓ 室蘭本線で18分 |
| 虎杖浜駅 |

虎杖浜駅から車で5分。または虎杖浜駅／登別駅から送迎あり(無料)

INFORMATION
問い合わせ先
☎ 0144-87-6111

DATA
観光データ
所 白老町虎杖浜289-3 P あり in 14:00 out 11:00 室 30室 予算 1泊2食付平日2万6000円〜休前日2万8500円〜

BEST TIME TO VISIT
訪れたい季節
白老町は北海道のなかでも気候が温暖な地域。夏は涼しく冬は降雪が少ないため一年を通して比較的過ごしやすい。海の幸、山の幸がともに豊かで、食材の宝庫としても知られている。とくにおすすめの夏は透明度の高い海の眺望を満喫でき、毛ガニやウニのおいしい季節でもある。

ポツンと一軒、絵になる宿

朝日や夕陽の絶景スポットであるアロヨ海岸の高台に建つ。朝日モーニングコールや早朝コーヒーなどのサービスも行う

大浴場の露天風呂は太平洋との一体感が魅力。温泉は源泉かけ流し。有料の貸切風呂や岩盤浴も備える

温泉付きメゾネットスイートは、インナーテラスと露天風呂を完備。ほかに、専用サウナ付きのスイートもある

心のリゾート海の別邸 ふる川

界 ポロト
かい ポロト

アイヌ民族の伝統を継承する地で
今も息づく奥深い文化を知る

絶景ポイント

春夏秋冬、四季折々の風景がポロト湖の魅力。三角屋根の建物は、アイヌ民族伝統のクチャ（仮小屋）をイメージ

湖を臨むポロトの森は「遊歩百選」に選定され、ポロトの森散策路は人気の森林浴コース。陸路を制覇したらカヌーを漕いで湖上散策に挑戦したい

「ポロト」はアイヌ語で大きな沼を意味する。面積33ha、周囲4kmの湖の外周の森の中に散策路を整備。2022年1月、白老町のポロト湖畔にアイヌの伝統建築構造から着想を得たとんがり屋根の温泉宿がオープン。丸太を三角錐状に組んだ屋根の下には、この宿の自慢の大浴場「△湯」があり、太古の昔に堆積した植物由来の有機質を含んだ茶色のモール温泉が楽しめる。湖に面した露天風呂では、新緑、紅葉、雪景色が堪能できる。客室はアイヌ民族が暮らす伝統のチセ(家)がモチーフ。アイヌ模様も彩りを添える。

ACCESS
アクセス

新千歳空港
↓ 快速エアポートで3分
南千歳駅
↓ 特急北斗で30分
白老駅
白老駅から徒歩で12分

INFORMATION
問い合わせ先
☎ 050-3134-8092

DATA
宿泊データ

所 白老町若草町1-1018-94 Ｐ あり in 15:00 out 12:00 室 42室 予約 1泊2食付3万1000円〜

BEST TIME TO VISIT
訪れたい季節

秋の紅葉、冬のワカサギ釣りもいいが、おすすめは春から夏にかけてのシーズン。4月下旬はポロト湿原にミズバショウが咲き誇る。また春はカッコウ、ウグイス。夏はホトトギス、カワセミなど、一帯はバードウォッチングができる野鳥の宝庫。夏はカヌーやサイクリングも楽しめる。

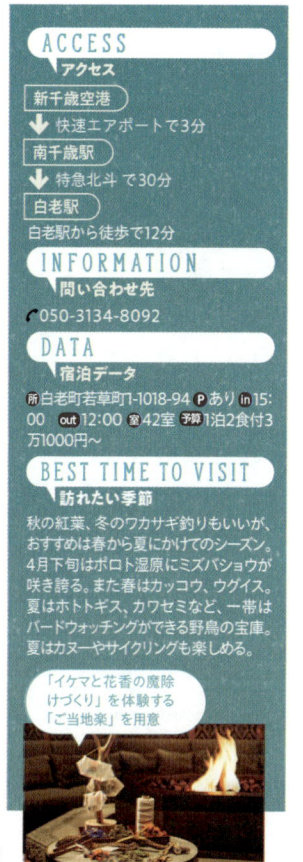

「イケマと花香の魔除けづくり」を体験する「ご当地楽」を用意

とんがり湯小屋のある「△湯（さんかくのゆ）」。あつ湯とぬる湯の2種類の湯船で、アルカリ性のモール温泉に浸かる

あわせて訪れたい周辺のスポット

アイヌ文化を色濃く残し、北海道の歴史が感じられるのどかな街を散策しよう。

ナチュの森
ナチュのもり

MAP P.162- 1

2つのスキンケア会社が運営する、工場と庭園が融合した「工園」。美と健康へのこだわりが詰まった工場やショップ、香りの体験や、モノづくりのワークショップ施設などがあり、大人から子どもまで楽しめる施設が揃う。

☎0144-84-1272 交JR登別駅から車で8分 所白老町虎杖浜393-12 開10:00～17:00 休水・木曜（祝日の場合は営業）Pあり

自然あふれる こだわり空間

食材にこだわったカフェ＆レストランも

香りの不思議体験や、自分に合った香りを見つけることができるパフュームバーも楽しめる

スキンケア会社ならではの贅沢なサロンも体験

先住民族アイヌの スピリッツにふれる

五感で楽しくアイヌ文化や精神世界にふれることができる
※イメージです

ウポポイ（民族共生象徴空間）
ウポポイ（みんぞくきょうせいしょうちょうくうかん）

MAP P.162- 2

アイヌ民族の歴史や文化を紹介する国立の大規模施設。広大な敷地は、国立アイヌ民族博物館と国立民族共生公園等で構成される。日本最北の国立博物館では、アイヌ文化に関するさまざまな資料を展示。

☎0144-82-3914（公益財団法人アイヌ民族文化財団）交JR白老駅から徒歩10分 所白老町若草町2-3 開9:00～17:00（時期により変動あり）休月曜（月曜が祝日または休日の場合は翌日以降の平日に閉園）料1200円 Pあり（有料）

提供：（公財）アイヌ民族文化財団

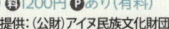

博物館の基本展示室は6つのテーマに分類され、円形のプラザ展示は室内を一度に見渡せる

木彫や織物などの手仕事の実演見学や製作体験（一部有料）ができる

ユネスコの無形文化遺産に登録されたアイヌ古式舞踊や、伝統楽器の演奏や歌も楽しめる

ポロト自然休養林
ポロトしぜんきゅうようりん

MAP P.162- 3

豊かな自然に囲まれたポロト湖の周囲には約6kmの散策路や湿原、キャンプ場などがあり、四季折々の自然の彩りを間近に感じられる。

☎0144-82-2216（白老観光協会）交JR白老駅から徒歩15分 所白老町白老 開料見学自由 Pあり

アイヌ語でポロトは「大きな沼」を表す

木々に包まれた 癒やしスポット

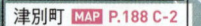

津別町 **MAP** P.188 C-2

チミケップホテル

原始の森が包み込む秘湖のほとり
プチ・オーベルジュで美景と美食を

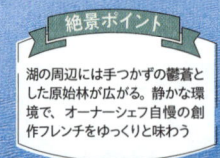

絶景ポイント

湖の周辺には手つかずの鬱蒼と
した原始林が広がる。静かな環
境で、オーナーシェフ自慢の創
作フレンチをゆっくりと味わう

> 森に囲まれた神秘的な湖のほとりに建つホテル。静寂が広がる客室や湖畔のテラスでまったり過ごし、おいしいフレンチに舌鼓を打ち、湖畔散策やカヌーを楽しむ心豊かな一日。

津別町に広がる原始林に囲まれ、ひっそりと水を湛えるチミケップ湖。湖畔の小さな岬に、客室わずか7室のオーベルジュが森に溶け込むようにたたずんでいる。客室には豪華な設備もテレビも時計さえもなく、あるのは心地よいベッドと静寂の世界。欧米諸国の名店で経験を積んだオーナーシェフの渡辺賢紀氏がもてなす料理は、北海道の旬の食材を味わうために創作された絶品フレンチ。美しい盛りつけが目を引く2種類のコースを用意している。湖での釣りやカヌー、湖畔散策も楽しみたい。

ディナーは、できるかぎり北海道の食材を使用した創作フレンチ

原始の森に囲まれた湖のほとりに建つ。チミケップ湖は約1万年前に崖崩れで沢の水をせき止めてできたとされ、周囲は約7.5km。森の中に遊歩道が続いている

ポツンと一軒 絵になる宿

ACCESS
アクセス

女満別空港

↓ 北海道北見バス女満別空港線で45分

北見バス停(北見駅)

北見バス停から車で約40分。または女満別空港から車で1時間

INFORMATION
問い合わせ先

☎なし※問い合わせはメールで受付
(reservation@chimikepphotel.com)

DATA
観光データ

所 津別町沼沢204 P あり in 15:00 out 11:00 室 7室 予算 1泊2食付3万4800円〜

BEST TIME TO VISIT
訪れたい季節

緑が鮮やかな春から夏、紅葉に染まる10月頃は湖畔の自然が美しい。ホテルのカヌーやMTBをレンタル(要問い合わせ)できるほか、ヒメマス釣り、森の遊歩道散策にも最適な季節。ホテルへの道は狭い林道が続くので、通行止め区間を事前に確認しておこう。

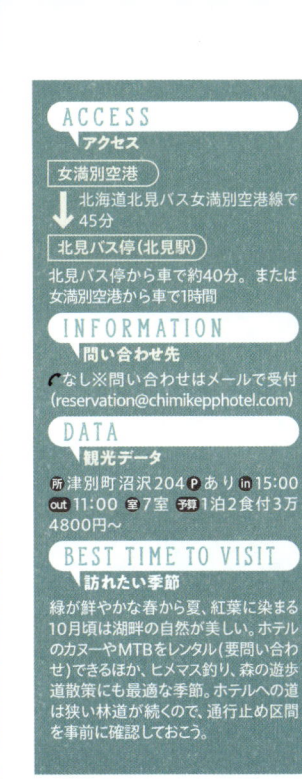

自然に調和した低層ホテル。湖畔のテラスで、チミケップ湖を眺めながらのティータイムを楽しめる

ツインルームの客室。部屋にテレビや時計はなく、時間を気にせずのんびりと過ごすことができる

スプウン谷のザワザワ村
スプウンだにのザワザワむら

美瑛の丘で過ごすほのぼの時間
小さな田舎ホテルでスローライフ

絶景ポイント

美瑛の丘に建つカントリー調の
コテージで田舎暮らしを体験。
緑の丘陵と手作りのぬくもりに
包まれてまったりくつろげる

アンティーク調の家具を配した2階建
てコテージ。屋根裏風の寝室、テラ
ス、サンルーム、ハンモックを備える

朝食とオプションの夕食は部屋でいただく。
余計なものは入れず、ていねいに手作り
したイタリアンのコース料理を夕食に提供

童話に登場しそうな雰囲気。自然の恵みたっぷりのすべて
手作りの料理を堪能できる田舎ホテルで何もしない贅沢を満喫。

なだらかに緑の丘が連なる牧歌的な風景で人気の美瑛町。ザワザワ村は、美瑛の丘の谷間にある小さな田舎ホテルだ。14万坪の農場の真ん中に、5棟のかわいい2階建てコテージが並ぶ。童話の世界のようなほのぼのとした風景に心癒やされる。建物や室内の家具は、農場も営むオーナーによる手作り。ぬくもりあふれるコテージを一棟貸しで利用。朝夕の食事は、農場野菜をたっぷり使ったスローフードを部屋で味わう。部屋のハンモックに揺られ、丘を散策してのんびり過ごしたい人におすすめ。

車道から小道を進んで丘を越えると、フランスの農村のようなのどかな風景が広がる。ホテルの敷地にはゲスト以外は入れないので、静かな時間を過ごせる

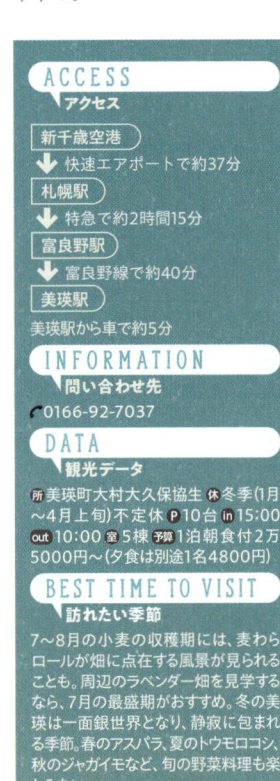

ポツンと一軒、絵になる宿

ACCESS
アクセス

| 新千歳空港 |
| ↓ 快速エアポートで約37分 |
| 札幌駅 |
| ↓ 特急で約2時間15分 |
| 富良野駅 |
| ↓ 富良野線で約40分 |
| 美瑛駅 |

美瑛駅から車で約5分

INFORMATION
問い合わせ先
☎ 0166-92-7037

DATA
観光データ
所 美瑛町大村大久保協生 休 冬季(1月〜4月上旬)不定休 P 10台 in 15:00 out 10:00 室 5棟 予約 1泊朝食付2万5000円〜(夕食は別途1名4800円)

BEST TIME TO VISIT
訪れたい季節
7〜8月の小麦の収穫期には、麦わらロールが畑に点在する風景が見られることも、周辺のラベンダー畑を見学するなら、7月の最盛期がおすすめ。冬の美瑛は一面銀世界となり、静寂に包まれる季節。春のアスパラ、夏のトウモロコシ、秋のジャガイモなど、旬の野菜料理も楽しみたい。

北美瑛駅

ぜるぶの丘 ZELB HILL●

N
0 500m

☆ スプウン谷の
ザワザワ村

●マイルドセブンの丘

美瑛町

美瑛駅

★道の駅びえい
「丘のくら」
P.121

映えるレトロ建築

ノスタルジックな雰囲気を味わえる施設を訪れ、内装や外装をじっくり見学。
思わずカメラを構えたくなる、明治から昭和に造られた趣ある建築物を訪ねる。

旧北海道拓殖銀行小樽支店を改装した似鳥美術館の外観

小樽の歴史を物語る建築を活用した4つの施設

小樽芸術村
おたるげいじゅつむら

明治初期から北海道の海の玄関口として栄えた小樽。金融機関や船会社、商社などが進出したことにより、経済の中心地として北海道の発展を支えた。そんな小樽の華やかな時代を象徴する歴史的建造物を利用し、美しいステンドグラスなどの作品を展示する美術館など、見応えある施設が並ぶ。

小樽市 **MAP** P.187 B-1

☎0134-31-1033 🚉JR小樽駅から徒歩10分 📍小樽市色内1-3-1 🕘9:30〜17:00 11〜4月10:00〜17:00 休第4水曜(11〜4月は毎週水曜)※臨時休館あり 💴4館共通券2900円 Pあり

石積みの古典的な外観が当時の栄華を物語る旧三井銀行小樽支店

国内外の絵画や彫刻など多彩な美術品が揃う似鳥美術館

繊細な西洋美術品が集まる西洋美術館

薄暗い館内で優雅にきらめくステンドグラス美術館

建設当時の鮮やかなブルーグレーとイエローの配色が再現されている

華やかな配色が目を引く洋館

旧函館区公会堂
きゅうはこだてくこうかいどう

明治40年(1907)の大火で焼失した商業会議所に代わる施設として建設され、豪商・相馬哲平氏や住民の寄付によって完成。大規模な保存修理工事を経て2021年にリニューアルオープン。館内展示にはARを導入している。

函館市 MAP **P.186 A-4**

📞0138-22-1001 🚃市電・末広町電停から徒歩10分 🏠函館市元町11-3 🕘9:00〜18:00(土〜月曜は〜19:00、11〜3月は〜17:00) ❌無休(年末年始ほか臨時休館あり) 💴300円 🅿なし

バルコニーからは元町と函館港が一望できる

2階にある約430㎡の大広間は音楽会などの行事で利用されていた

館内には軽食やドリンクを楽しめるカフェも併設

現存する最古の木造ホテル

豊平館
ほうへいかん

明治13年(1880)、開拓使により高級西洋ホテルとして建造された国の重要文化財。昭和33年(1958)、大通から中島公園に移設。館内には建設当初から吊るされているシャンデリアや、建設当時の姿を再現した美しい階段がある。

札幌市 MAP **P.186 C-4**

📞011-211-1951 🚇地下鉄・中島公園駅から徒歩5分 🏠札幌市中央区中島公園1-20 🕘9:00〜17:00(入館は〜16:30) ❌第2火曜(祝日の場合翌平日) 💴350円 🅿なし

杉並木の先にたたずむ祈りの場

燈台の聖母
トラピスト修道院
とうだいのせいぼ トラピストしゅうどういん

明治29年(1896)創立の日本で最初のカトリック男子修道院。昭和10年(1935)には、厳律シトー会の総会で大修道院として昇格。院内では修道士たちが自給自足の生活を送っている。

北斗市 MAP P.187 A-4

☎0138-75-2108 🚃道南いさりび鉄道・渡島当別駅から徒歩20分 🏠北斗市三ツ石392 🕐院外は見学自由、売店9:00〜17:00(10月16日〜3月31日8:30〜16:30) 休12月25日 料無料 🅿あり

本館建物は鉄柵の外側からのみ見ることができる

北海道遺産に選定されている。建築家・W.M.ヴォーリズ設計の建物では最北に位置

アメリカ人宣教師夫妻の私邸

ピアソン記念館
ピアソンきねんかん

大正3年(1914)築、木造2階建ての西洋館。明治中期から昭和初期にかけて宣教活動を行ったアメリカ人宣教師G.P.ピアソン夫妻の活動拠点であったヴォーリズ建築の私邸を改修復元。

北見市 MAP P.188 C-2

☎0157-23-2546 🚃JR北見駅から徒歩15分 🏠北見市幸町7-4-28 🕐9:30〜16:30 休月曜、祝日の翌日(祝日の場合は開館) 料無料 🅿あり

ユニークなデザインで人々を救った

稚内港北防波堤ドーム
わっかないこうきたぼうはていドーム

樺太への航路が開設された稚内港。強風や高波から人々を守るために昭和11年(1936)に造られた。その後老朽化が進み、昭和53〜55年(1978〜1980)に基礎部分以外の全面改修が行われた。

稚内市 MAP P.186 A-1

☎0162-23-6161(稚内市役所) 🚃JR稚内駅から徒歩5分 🏠稚内市開運町 🕐休見学自由 🅿あり

古代ローマの雰囲気が漂う防波堤ドーム。アーチ部分で高波を受けられるように設計された

光が紡ぐ物語

江戸後期から商都として発展を遂げた
小樽と函館、明治期に開拓の中心地と
なった札幌、北の三都が光輝く夜、
街の物語に思いを馳せる。

札幌もいわ山ロープウェイ

さっぽろもいわやまロープウェイ

北の都の夜を舞台に
碁盤の街が浮かび上がる

絶景ポイント

遮るもののない雄大な石狩平野に宝石を散りばめたように広がる景色。澄んだ空気にきらめきも倍増する

山頂にある恋人の聖地に認定された「幸せの鐘」も美しくライトアップ。手すりには二人の名前を記した「愛の鍵」が並んでいる

> 札幌市のほぼ中央に位置する標高531mの藻岩山山頂。札幌を代表する夜景スポットであり、「日本新三大夜景」に過去３度選出された、まばゆいほどの景色が広がっている。

高層ビルが立ち並ぶ札幌市街地の街明かりと、手前に遮る山などのない石狩平野に広がる壮大な夜景を眺めることができる。月見の名所でも知られ、「日本百名月」のスポットにも認定されている。藻岩山はかつてアイヌの人々から尊い神の山と崇められ、見張りをする物見の山「インカルシペ」と呼ばれた場所。夏でも山頂付近には凛とした空気が漂い、まばゆい景色に浸ることができる。山頂にある270度の眺望が楽しめるフレンチレストラン「ザ・ジュエルズ」にも立ち寄りたい。

山麓駅から中腹駅を結ぶもいわ山ロープウェイ。昼には藻岩山の緑と賑やかな街並みが見られる

山頂展望台にある幸せの鐘の周りには、ショップなどで販売する「愛の鍵」を取り付けられる

中腹から山頂までの森の中を駆け抜けるように走るミニケーブルカー。2分で230mを移動する

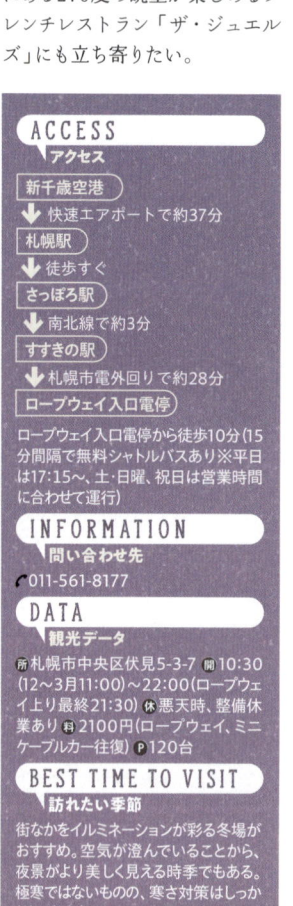

ACCESS
アクセス

新千歳空港
↓ 快速エアポートで約37分
札幌駅
↓ 徒歩すぐ
さっぽろ駅
↓ 南北線で約3分
すすきの駅
↓ 札幌市電外回りで約28分
ロープウェイ入口電停

ロープウェイ入口電停から徒歩10分（15分間隔で無料シャトルバスあり※平日は17:15〜、土・日曜、祝日は営業時間に合わせて運行）

INFORMATION
問い合わせ先
☎011-561-8177

DATA
観光データ
所 札幌市中央区伏見5-3-7 開 10:30（12〜3月11:00）〜22:00（ロープウェイ上り最終21:30）休 悪天時、整備休業あり 料 2100円（ロープウェイ、ミニケーブルカー往復）P 120台

BEST TIME TO VISIT
訪れたい季節
街なかをイルミネーションが彩る冬場がおすすめ。空気が澄んでいることから、夜景がより美しく見える時季でもある。極寒ではないものの、寒さ対策はしっかりしておきたい。

TRAVEL PLAN

自然と都市が調和した美しいエリア。開拓使時代の面影残すレトロな建築や自然を楽しみながら街を歩いたら、夜は藻岩山から眺望を楽しみたい。

COURSE

12:25	札幌駅
	↓ 車で5分
12:30	北海道大学
	↓ 車で10分
13:40	大通公園
	↓ 車で2分
14:45	札幌市時計台
	↓ 車で15分
16:00	北海道神宮
	↓ 車で20分
17:20	札幌もいわ山ロープウェイ
	↓ 車で15分
20:00	札幌駅

北海道大学
ほっかいどうだいがく

美しいキャンパスを歩きレトロな建造物を訪ねる

MAP P.174- 1

明治9年(1876)に開校した札幌農学校を前身とする北海道大学。初代教頭は、かの有名なクラーク博士だ。約177万㎡の広大な構内には、札幌農学校第2農場や古河講堂などの歴史的な建物のほか、ポプラ並木やイチョウ並木があり、自然豊かな景色を楽しむことができる。

☎011-716-2111 ✉JR札幌駅から徒歩10分 ㉻札幌市北区北8西5 ㉫㉳散策自由 ※一部立入禁止区域あり Ｐなし

大通公園
おおどおりこうえん

街の中心に広がる緑のオアシスを歩く

MAP P.174- 2

明治4年(1871)、開拓使のある北の官庁街と南の住宅・商業街との間に設けられた火防線が始まり。大通西1丁目から西12丁目までの約7.8haの公園では、美しい花壇や芝生、約90種4700本の樹木が見られるほか、四季折々のイベントも楽しめる。☎011-251-0438 ✉JR札幌駅から徒歩10分 ㉻札幌市中央区大通西1〜12 ㉫㉳入園自由 Ｐなし

トウキビワゴンや、噴水、花壇や遊具など、憩える場所が満載

札幌市時計台
さっぽろしとけいだい

鐘の音が響く白亜の時計台

農学校や時計台の歴史がわかりやすく展示してある

MAP P.174- 3

明治36年(1903)に札幌農学校(現・北海道大学が現在の場所に移転した3年後、約100m南の現在地に移された時計台。現在1階が資料館、2階は17時30分からホールとして利用されている。☎011-231-0838 ✉地下鉄・大通駅から徒歩5分 ㉻札幌市中央区北1西2 ㉫8:45〜17:10(入館は〜17:00) ㉳無休 ㉺350円、高校生以下無料 Ｐなし

5〜6月頃にはライラックとの共演も楽しめる

北海道神宮
ほっかいどうじんぐう

北海道の総鎮守

MAP P.174- 4

明治2年(1869)、明治天皇の詔により北海道に開拓の守護神として三神を神祇官において祀ったのが北海道神宮の始まり。☎011-611-0261 ✉地下鉄・円山公園駅からジェイ・アール北海道バス・神宮前下車、徒歩1分 ㉻札幌市中央区宮ヶ丘474 ㉫6:00〜17:00(社務所9:00〜17:00) ※季節により異なる ㉳無休 ㉺無料 Ｐあり(有料)

北海道神宮の本殿。毎年6月14〜16日には北海道神宮例祭がある

札幌もいわ山ロープウェイ
さっぽろもいわやまロープウェイ

札幌の代表的な夜景スポット

光が紡ぐ物語

小樽天狗山ロープウエイ

おたるてんぐやまロープウエイ

レンガ色の街に灯る明かり

やわらかく艶やめきたつ港町

絶景ポイント

天狗山山頂から見下ろす小樽の夜景。夕景から夜景へと変わるマジックアワーには、特に幻想的な風景に

天狗山は、小樽の街並みを間近から眺められる絶好のビューポイント。ロープウェイからも美しい夜景をさまざまな角度から満喫できる

小樽の魅力的な夜景に浸る2なら天狗山山頂がおすすめ。昼間はテラスやカフェでくつろぎながらワイドな眺望を満喫したい。熱気球などのアクティビティも楽しめる。

標高532mの天狗山は、小樽市の中心部から車で約15分の地にある天空の絶景スポット。麓から山頂へは、30人乗りのロープウェイに乗って約5分でたどり着く。山頂の展望台に広がるのは、小樽市街や小樽港、石狩湾を見晴らす大パノラマ。晴れた日には、暑寒別連峰や積丹半島を遠くに望む。5カ所の展望台で、それぞれ趣の違う風景を楽しめる。建物に明かりが灯る頃、きらきらと輝く小樽の街が眼下に現れる。札幌・藻岩山、函館山とともに北海道三大夜景の一つに数えられる自慢の夜景だ。街を包む海や山影が、宝石のような街の輝きを引き立てる。

ACCESS
アクセス

新千歳空港
↓ 快速エアポートで1時間15分
小樽駅
小樽駅から北海道中央バス・天狗山ロープウェイ行きで20分、終点下車すぐ

INFORMATION
問い合わせ先

小樽天狗山ロープウエイ
☎ 0134-33-7381

DATA
観光データ

所 小樽市最上2-16-15 時 9:00～21:00(上り最終20:48) 休 不定休(4月と11月にロープウェイ整備の休みあり) 料 ロープウェイ往復1800円 P あり

BEST TIME TO VISIT
訪れたい季節

小樽の観光シーズンは避暑にも最適な7～8月。5～7月は山頂から雲海を見られる確率が高く、雲海のかかる夜景を楽しめることも。山頂に咲く天狗桜は5月中旬～下旬頃に開花する。

全長735mを約5分で運行するロープウェイ。帰りは前方からワイドな景色を楽しみたい

大眺望が広がるTENGUUテラス。カフェでテイクアウトしたドリンク片手にくつろぎたい

窓際にカウンター席が用意された眺望抜群のTENGUU CAFE。食事やドリンクを楽しめる

石狩湾

三角市場 1
小樽運河
2 小樽運河クルーズ
小樽駅
小樽港
日本銀行旧小樽支店 4
金融資料館
3 北一ホール
小樽商科大
5 小樽洋菓子舗
ルタオ本店
小樽市
小樽公園
南小樽駅
小樽IC
天狗山トンネル
山麓駅
☆ 小樽天狗山ロープウエイ
山頂駅
TENGUUテラス
屋上展望台
天狗山
天狗山スキー場
N
0 500m

TRAVEL PLAN

COURSE

12:55	小樽駅
↓	徒歩で3分
13:00	三角市場
↓	徒歩11分
15:00	小樽運河クルーズ
↓	徒歩10分
16:00	日本銀行旧小樽支店 金融資料館
↓	徒歩13分
17:00	小樽洋菓子舗ルタオ本店
↓	車で10分
18:10	小樽天狗山ロープウェイ
↓	車で12分
20:30	小樽駅

レトロな建物が並ぶ通りで趣ある建物を眺めながら散策を楽しめる。駅近の人気市場や、小樽運河のほど近くにある堺町通りで小樽ならではのお買い物を。

三角市場
さんかくいちば

地元客にも観光客にも人気

MAP **P.178-**

小樽駅前広場の北側の一角にある市場。第二次世界大戦後ほどなくしてできた市場で、近海の安価な海産物はもちろん地産の野菜や果物、日用品の店や食堂もある。
📞0134-23-2446 🚃JR小樽駅から徒歩3分
🏠小樽市稲穂3-10-16 🕐8:00～17:30 休無休 🅿あり

三角の土地に三角屋根が目印

地上とは違った景色を楽しめる

小樽運河クルーズ
おたるうんがクルーズ

MAP **P.178-** 2

クルーズは30分間隔で運航している。特に日没時間前後のクルーズは人気のため、予約しておきたい。季節によって終了時間が異なるため、HPで確認を。
📞0134-31-1733 🚃JR小樽駅から徒歩10分
🏠小樽市港町5-4 🕐電話受付は運行時間により変動 休臨時運休日あり 料デイクルーズ1800円、ナイトクルーズ2000円、小学生以下500円(小学生未満は大人1名につき1名無料) 🅿なし

ノスタルジックな街を水上周遊
チケット売り場、発着場は中央橋のそばにある

光が紡ぐ物語

LUNCH

石油ランプが灯る幻想的なカフェ
北一ホール
きたいちホール

MAP **P.178-** 3

小樽軟石の倉庫を改修。デザートメニューのほか、食事やアルコールのメニューも充実

📞0134-33-1993 🚃JR南小樽駅から徒歩9分 🏠小樽市堺町7-26 🕐9:00～17:30(LO17:00) 休無休 🅿あり

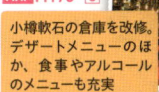

北のウォール街に建つ
洋館で学ぶ

日本銀行旧小樽支店 金融資料館
にっぽんぎんこうきゅうおたるしてん きんゆうしりょうかん

MAP **P.178-** 4

平成14年(2002)までの90年間、日本銀行小樽支店として機能し、翌年には金融資料館として開館。屋根には5つのドームを配しルネサンス様式を取り入れた建物。📞0134-21-1111 🚃JR小樽駅から徒歩10分 🏠小樽市色内1-11-16 🕐9:30(12～3月10:00)～17:00(入館は～16:30) 休水曜(祝日の場合は開館) 料無料 🅿なし

日本銀行の歴史や業務がわかる

全国で人気を博す
洋菓子店でみやげ探し

小樽洋菓子舗ルタオ本店
おたるようがしほルタオほんてん

MAP **P.178-** 5

平成10年(1998)創業。「ドゥーブルフロマージュ」が大人気となり、一躍全国的人気店に。2階のカフェで「生ドゥーブルフロマージュ」など、作りたてのケーキも楽しめる。
📞0120-31-4521 🚃JR南小樽駅から徒歩7分
🏠小樽市堺町7-16 🕐9:00～18:00(季節により変動あり) 休無休 🅿あり

かわいらしい外観。大きな塔が目印に

小樽天狗山ロープウエイ
おたるてんぐやまロープウエイ

小樽の代表的な夜景スポット

函館山ロープウェイ
はこだてやまロープウェイ

優美にくびれる海峡の街を
幾千もの光が描き出す

左右の海に挟まれたくびれた港湾部は、街中のイルミネーションと濃紺の夜の海のコントラストが美しい

光が紡ぐ物語

夜景に浮かぶ光をカタカナの文字に見立て、「ハート」や「スキ」の文字を見つけると、幸福になれるという都市伝説がある

山頂へと向かうロープウェイからエキゾチックな函館の街を眺める空中散歩。ベストシーズンは空気が澄んだ冬。ベストタイムは日没前、数十分の"マジックアワー"

函館山のロープウェイは日・仏協力の最新のテクノロジーから生まれた。125人乗りのゴンドラの最高速度は秒速7m。334mの山頂までの空路を約3分で駆け上がる。朝のやわらかな光に包まれた風景、日中の太陽光に照らされた風景、夜の闇に浮かぶ風景。どれも美しいが、日没前数十分の"マジックアワー"は文字どおり魔法のひととき。空がオレンジと赤、青と紫のグラデーションに輝き、次第に夜景が広がる様子は神々しい。山頂展望台にはレストラン、ティーラウンジ、ショップがある。

ACCESS
アクセス

函館空港
↓ 函館方面シャトルバスで20分
函館駅前
↓ 函館市電で7分
十字街電停

十字街電停から徒歩10分

INFORMATION
問い合わせ先

総合案内
☎ 0138-23-3105

DATA
観光データ

所 函館市元町19-7 開 10:00～22:00
(10月1日～4月19日は～21:00) 休 無
休 料 往復1800円(片道1200円) P
あり

BEST TIME TO VISIT
訪れたい季節

函館山から見下す景色は、空気が冷たく澄んで遠くまで見渡せる冬がおすすめ。夜は街灯の光が白雪に反射してさらに明るく輝き、幻想的でロマンティックな世界が出現する。

ロープウェイは15分おきに運行し、約3分で山頂に到着する

津軽海峡と函館港の先には、遠く駒ヶ岳や横津連峰まで見渡せる。行きは右側、帰りは左側の席がおすすめ

4～8月の晴れて気温が下がった早朝には雲海が見られることもある。また初夏に霧が出ると不思議な光景が広がる

白雪に覆われた冬ならではの美しい景色はイチオシ。冬の晴れた青空と青い海、雪化粧する大パノラマは壮観

N 0 200m

金森赤レンガ倉庫
末広町
元町公園
P.55 函館市旧イギリス領事館 ★
P.169 旧函館区公会堂 ★
泰安の郷舟海
函館市
八幡坂 1
函館西高
函館ハリストス正教会 3
函館聖ヨハネ教会 4
2 カトリック元町教会
元町局
十字街
函館山
山頂駅
函館山ロープウェイ 山麓駅
☆ 函館山ロープウェイ
青柳中
函館公園

TRAVEL PLAN 🚗

八幡坂のイルミネーションが行われる冬でなくても、元町は夜の散策が楽しいエリア。各所に点在する歴史的な建物が光輝き、雰囲気たっぷり。

COURSE

17:45	十字街電停
↓	徒歩13分
18:00	八幡坂
↓	徒歩3分
18:15	カトリック元町教会
↓	徒歩すぐ
18:30	函館ハリストス正教会
↓	徒歩すぐ
18:45	函館聖ヨハネ教会
↓	徒歩4分
19:00	函館山ロープウェイ
↓	徒歩10分
21:00	十字街電停

八幡坂
はちまんざか
MAP P.182-1

函館港を見下ろす
名物坂

函館港までまっすぐに延びる270mの坂。坂道の多くは、幅を広げ直線に整備され、防火線としての役割も果たしていた。函館港と函館市青函連絡船記念館摩周丸を望む美しい坂道は、映画やCMにもたびたび登場。期間中は八幡坂、二十間坂、開港通りが光にあふれ美しく彩られる。

はこだてイルミネーションでライトアップされる並木

カトリック元町教会
カトリックもとまちきょうかい
MAP P.182-2

高くそびえた八角形の大鐘楼が特徴。最初の木造の聖堂は安政6年(1859)に建てられたが、2度焼失、明治43年(1910)に再建された。裏に聖母マリア像を祀る「ルルドの洞窟」がある。鐘楼の上にのっている鳥の飾りには、ペトロの否認に関し自戒の意味が込められている。☎0138-22-6877 🚃市電・十字街電停から徒歩10分 🏠函館市元町15-30 🕙10:00〜16:00(日曜午前中の礼拝時を除く) 💴聖堂使用時 🆓無料 Ｐなし

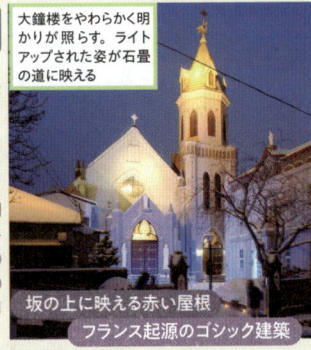

大鐘楼をやわらかく明かりが照らす。ライトアップされた姿が石畳の道に映える

坂の上に映える赤い屋根
フランス起源のゴシック建築

函館聖ヨハネ教会
はこだてせいヨハネきょうかい
MAP P.182-4

明治7年(1874)に建立された、北海道で最古の英国聖公会の教会。現在の聖堂は昭和54年(1979)に完成したもの。パイプオルガンやステンドグラスを施した内部も素敵だ。☎0138-23-5584 🚃市電・十字街電停から徒歩15分 🏠函館市元町3-23 🕙見学自由(5月1日〜11月3日は内観見学可、その他期間は要問い合わせ) 🆓無休 💴無料 Ｐなし

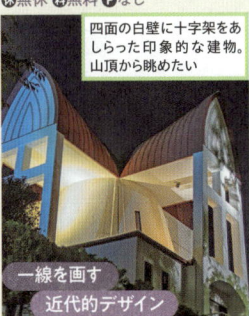

四面の白壁に十字架をあしらった印象的な建物。山頂から眺めたい

一線を画す
近代的デザイン

小高い丘に建つ教会は、背景に光り輝く函館港や街が入る撮影スポット

鐘の音が響く
白亜の鐘楼

函館ハリストス正教会
はこだてハリストスせいきょうかい
MAP P.182-3

由緒ある歴史的建造物で、現存する聖堂は大正5年(1916)に建てられた。美しい鐘の音色を函館山の麓一帯に響かせ、環境庁「日本の音風景100選」にも認定。市民からは「ガンガン寺」の愛称で親しまれている。☎0138-23-7387 🚃市電・十字街電停から徒歩15分 🏠函館市元町3-13 🕙10:00〜17:00(土曜は〜16:00)日曜13:00〜16:00 🕙12月26日〜3月中旬は不定休、教会行事があるとき 💴200円(拝観献金として) Ｐなし

個性的なデザインが、夜は幻想的な雰囲気を醸し出す

函館山ロープウェイ
はこだてやまロープウェイ

海に挟まれた函館ならではの夜景を楽しみたい

光が紡ぐ物語

183

ロマンチックな大人の特等席

輝きに包まれた夜景ダイニング

夜景を静かにゆっくり楽しむなら、展望台やホテル高層階にあるレストランへ。
北海道の美食と美景を堪能し、忘れられない夜を過ごす。

レストランを事前予約すると
ロープウェイ・ミニケーブルカー
の往復乗車料金をサービス

夜景と料理を楽しむ心配りがうれしい

THE JEWELS
ザ ジュエルズ

人気の夜景スポット・藻岩山の山頂駅にある
レストラン。北海道の食材を使った創作フレ
ンチのコース料理を堪能できる。美しい夜景
をよりよく楽しめるように店内の照明の明る
さなどを調節している。

札幌市 MAP P.186 B-4

📞011-518-6311（レストラン予約センター）🚃市
電・ロープウェイ入口電停から徒歩10分 🏠札
幌市南区 北ノ沢1956 藻岩山山頂 🕐17:00～
21:00(LO19:30)、土・日曜、祝日は12:00～14:
30(LO13:30)も営業 🅿無休 Ｐなし

北海道の旬の素材を生かした
料理を夜景とともに楽しめる

土・日曜はお得なラン
チタイムもおすすめ

旬の食材を使った
ディナーコースは
6380円～

コース料理では目にも美し
い料理の数々が楽しめる

全面ガラス張りの店内で優雅な時間を過ごせる

海山の幸を鉄板焼で味わう

鉄板焼 VUE MER
てっぱんやき ビュ メール

北海道産の黒毛和牛や海鮮など、地産地消にこだわった高級食材を鉄板焼で楽しめる。全席カウンター席で函館の夜景を望む絶好のロケーション。記念日などの特別な日にぜひ訪れたい。

函館市 MAP P.186 A-4

📞0138-23-8757 🚉JR函館駅から徒歩8分 🏠函館市大手町5-10 函館国際ホテル 西館8F🕐17:00〜21:00（LO20:00）🈳無休 🅿あり

フォアグラや蝦夷鮑、北海道産黒毛和牛で構成されたシェフおすすめコール（写真はイメージ）

シェフの臨場感あふれるパフォーマンス

細やかな演出で至福の時間

レストランジェノバ

函館山ロープウェイ山頂から「函館の夜景」が一望できるレストラン。窓際では1日3組限定でコース料理が楽しめ、数カ月前から予約する人も。シェフ自慢の和・洋食料理で特別なひとときを。

函館市 MAP P.186 A-4

📞0138-27-3127 🚉函館山ロープウェイ・山頂駅から徒歩1分 🏠函館市函館山🕐11:30〜21:00（10月1日〜4月19日は〜20:00）🈳無休 🅿あり

函館山山頂展望台の2階にあるレストラン

道南

0 10 20km

道央・道南

0 10 20km

N

主な地名・スポット

- 剣淵町
- 和寒町　和寒駅　和寒
- 塩狩峠　塩狩駅
- 鷹栖町
- 比布町　比布北　比布JCT　比布駅　比布
- 旭川市
- 東神楽町　旭川空港
- 千代ヶ岡駅
- 美瑛町
- 美馬牛駅
- 上富良野町
- フラワーランドかみふらの P.48
- 中富良野町
- 富良野市
- P.114 アイスヴィレッジ
- P.4 星野リゾート トマム 雲海テラス
- 占冠村
- トマム駅　トマム

- 名寄市
- 士別市
- 於鬼頭岳
- 愛別町　愛別駅　中愛別駅
- 当麻町　当麻駅
- 上野ファーム P.70
- 桜岡駅
- P.70大雪 森のガーデン
- 旭川市 旭山動物園 P.34
- P.116 層雲峡温泉氷瀑まつり
- 東川町
- スプウン谷のザワザワ村 P.166
- クリスマスツリーの木 P.111
- ジェットコースターの路 P.90
- 四季彩の丘 P.38
- 白金 青い池 P.118
- ファーム富田 P.60
- 風のガーデン P.71
- P.104 しかりべつ湖コタン
- トマム
- 南富良野町
- 落合駅
- P.71十勝千年の森
- 新得駅
- 十勝清水駅
- 御影駅

- 西興部村
- ウェンシリ岳
- 渚滑岳
- 滝上町
- 北見富士
- 上川町　上川駅
- ニセイカウシュッペ山
- 屏風岳
- 武利岳
- 北見富士
- 大雪湖
- 三国山
- 三国峠 P.8
- 西クマネシリ岳
- 東三国山
- 置戸町
- おけと湖
- 陸別町
- 喜登牛山
- 足寄町
- ナイタイ高原牧場 ナイタイテラス P.74
- 上士幌町
- 糠平湖のアイスバブル P.108
- ぬかびら温泉
- ウペペサンケ山
- ニペソツ山
- 鹿追町
- 士幌町
- 音更帯広
- 本別町
- 浦幌町
- 釧路市
- 音別駅
- 白糠町
- 足寄
- 本別　本別JCT
- 池田町　池田駅
- 幕別町
- 帯広市
- 芽室町　芽室駅　芽室帯広
- 帯広JCT　西帯広駅
- 柏林台駅
- 真鍋庭園 P.71
- 十勝ヒルズ P.72
- P.72 柴竹ガーデン
- 幸福
- P.72 六花の森
- 中札内
- 更別
- 中札内村
- 更別村
- 大樹町
- 豊頃駅
- 豊頃町
- 大津海岸の ジュエリーアイス P.100
- 忠類
- 忠類大樹

- オホーツク紋別空港
- コムケ湖
- シブノツナイ湖
- 湧別川
- 紋別市
- かみゆうべつチューリップ公園 P.62
- 芭露
- サロマ湖
- 湧別町
- 佐呂間町
- イワケシ山
- 遠軽駅
- 遠軽　遠軽瀬戸瀬駅
- 瀬戸瀬駅
- 安国駅
- 石北本線
- 丸瀬布駅
- 丸瀬布
- 白滝駅　白滝
- 奥白滝
- 遠軽町
- 北見市
- 緋牛内駅
- 常呂川
- P.170 ピアソン記念館
- 西北見駅　北見駅　北見東駅　美幌
- 北見枝幸
- 北見北　北見中央
- 北見西
- 留辺蘂駅　相内駅
- 訓子府　訓子府駅
- 十勝オホーツク自動車道
- P.164 チミケップホテル
- チミケップ湖
- 津別町
- 陸別小利別
- P.92 阿寒湖フロストフラワー
- イユダニヌプリ山
- フップシ岳
- 雌阿寒岳
- 雄阿寒岳
- 阿寒富士
- P.115 阿寒湖氷上フェスティバル ICE・愛す・阿寒「冬華美」
- 白糠町
- 釧路市
- 釧勝峠
- 道東自動車道
- 白糠
- 庶路
- 根室本線
- 音別町
- 厚内駅
- 浦幌駅

オホーツク海

知床岬
観音岩・
たこ岩・知床岳
トッカリムイ岳
ペキンノ鼻

留夜別村

国後島

P.126 知床五湖
P.140 北こぶし知床 ホテル＆リゾート
P.28 知床半島クルーズ
流氷観光砕氷船おーろら P.96
SHINRA 流氷ウォーク® P.12
流氷物語号 P.113

ウトロ漁港
硫黄山
羅臼岳
羅臼温泉
遠音別岳
猫山

夕陽台 P.138

知床半島

羅臼町

羅臼漁港
アニマル・
ウォッチング・クルーズ P.22

大岬

羅臼崎

東沸湖

根室海峡

泊村

菱内湖

オリコノモイ岬

網走市
能取岬
網走港
メルヘンの丘 P.82
女満別空港のひまわり P.66
女満別空港
大空町
小清水町
札弦駅
ひがしもこと芝桜公園 P.56
綠駅
藻琴山
屈斜路湖
P.141 砂湯
和琴温泉
美留和駅
弟子屈町
辺計礼山
摩周温泉駅
風光山
パンケトー
阿寒岳

斜里町
海別岳
天に続く道 P.90
ゆりの郷こしみずリリーパーク P.68
清里町
サマッケヌプリ山
標津岳
神の子池 P.132
摩周岳
（カムイヌプリ）
摩周湖カムイテラス P.106

標津町
開陽台 P.86

ハッチャス崎

ノッツェ崎

泊湾

ケラムイ崎

野付水道

アザラシ
ウォッチングコース P.32
野付半島
野付湾
竜神崎
野付温泉
白鳥台の四角い太陽 P.112

別海町
別海温泉
兼金沼
風蓮川
風蓮湖
西別川
然別川
茶内駅
浜中町
厚岸町
厚岸湖
厚岸湾
小島
釧路町
大黒島
尻羽岬
ローソク岩

多和平 P.88
磯分内駅
標茶駅
鶴居村
標茶町
SL冬の湿原号 P.110
茅沼駅
三角山
塘路駅
釧路湿原
釧路湿原駅
細岡駅
釧路市湿原展望台 P.78
たんちょう
釧路空港
大楽毛駅
新大楽毛駅
遠矢駅
新富士駅
武佐駅
東釧路駅
別保駅
釧路別保
音羽橋 P.24

梧瑤珊水道

納沙布岬 P.139

根室湾
根室港
根室駅
根室市
温根沼
温根沼

友知島

西和田駅
昆布盛駅
落石駅
落石岬

根室本線
別当賀駅

浜中湾
霧多布岬
火散布沼
琵琶瀬湾
嶮暮帰島

ユルリ島

太平洋

INDEX

STAFF

編集制作 Editors
(株)K&Bパブリッシャーズ

取材・執筆 Writers
遠藤優子　好地理恵
片野優　須貝典子

本文・表紙デザイン Cover & Editorial Design
(株)K&Bパブリッシャーズ

表紙写真 Cover Photo
Aflo

地図制作 Maps
トラベラ・ドットネット(株)
尾﨑健一
山本眞奈美(DIG.Factory)

写真協力 Photographs
関係諸施設
関係各市町村観光課・観光協会
PIXTA

総合プロデューサー Total Producer
河村季里

TAC出版担当 Producer
君塚太

エグゼクティブ・プロデューサー
Executive Producer
猪野樹

おとな旅プレミアム
日本の絶景 北海道

2025年4月18日　初版　第1刷発行

著　　　者　TAC出版編集部
発　行　者　多田敏男
発　行　所　TAC株式会社　出版事業部
　　　　　　　（TAC出版）

〒101-8383 東京都千代田区神田三崎町3-2-18
電話　03(5276)9492(営業)
FAX　03(5276)9674
https://shuppan.tac-school.co.jp

印　　　刷　株式会社　光邦
製　　　本　東京美術紙工協業組合

©TAC 2025　Printed in Japan　　ISBN978-4-300-11642-5
N.D.C.291　　　　　　落丁・乱丁本はお取り替えいたします。

本書に掲載した地図の作成に当たっては、国土地理院発行の数値地図（国土基本情報）電子国土基本図（地図情報）、数値地図（国土基本情報）電子国土基本図（地名情報）及び数値地図（国土基本情報20万）を調整しました。